O Inspetor Geral
de Gógol / Meyerhold

Coleção Estudos
Dirigida por J. Guinsburg

Equipe de realização – Revisão: Plinio Martins Filho; Produção: Ricardo W. Neves; Sobrecapa: Adriana Garcia.

Arlete Cavaliere

O INSPETOR GERAL DE GÓGOL / MEYERHOLD

UM ESPETÁCULO SÍNTESE

EDITORA PERSPECTIVA

Dados Internacionais de Catalogação na Publicação (CIP)
(Câmara Brasileira do Livro, SP, Brasil)

Cavaliere, Arlete
 O inspetor geral de Gógol / Meyerhold : um espetáculo síntese / Arlete Cavaliere. – São Paulo :
Perspectiva, 1996. – (Coleção estudos ; 151)

 Bibliografia.
 ISBN 85-273-0098-2

 1. Gógol, Nikolai Vassilievitch, 1809-1852
2. Meyerhold, Vsévolod Emilievitch, 1874-1940
3. Meyerhold, Vsévolod Emilievitch, 1874-1940. O Inspetor Geral – Crítica e interpretação 4. Teatro russo – História e crítica I. Título. II. Série.

96-4733 CDD-891.7209

Índices para catálogo sistemático:

1. Teatro : Literatura russa : História e crítica   891.7209

Direitos reservados à
EDITORA PERSPECTIVA S.A.
Av. Brigadeiro Luís Antônio, 3025
01401-000 – São Paulo – SP – Brasil
Telefone: (011) 885-8388
Fax: (011) 885-6878
1996

a Pascal Ruesch

Sumário

TRAJETÓRIA 1

Parte I. SOBRE *O INSPETOR GERAL*
        V. Meyerhold 13

1. *O Inspetor Geral* 15
    Explicação do Espetáculo 15
    Conversa com os Atores 37
    Observações nos Ensaios do Primeiro Ato 47
    De uma Conversa com os Atores 59
    Informe sobre *O Inspetor Geral* 62

Parte II. A SÍNTESE DE UMA POÉTICA TEATRAL
        Arlete Cavaliere 85

2. O Grotesco Cênico de Meyertold 87
3. Uma Poética do Corpo 99
4. O Realismo Musical: Um "Novo Realismo"? 119

BIBLIOGRAFIA 135
    Obras de Meyerhold 135
    Obras sobre Meyerhold 136
    Bibliografia Específica sobre Teatro Russo 137

Trajetória

O Inspetor Geral de Meyerhold, um dos espetáculos-chave da história do teatro contemporâneo e da própria evolução do trabalho e das concepções teatrais do encenador, foi uma das produções mais polêmicas da década de vinte soviética. Apesar dos artigos favoráveis de A. Lunatchárski, Maiakóvski e alguns outros defensores, vários jornais atacaram Meyerhold por sua versão cênica do texto de Gógol.

Como se sabe, o dramaturgo localiza a ação da peça em uma pequena província do interior da Rússia que tem à frente um prefeito corrupto e um bando de funcionários ignorantes e corrompidos. Esse pequeno mundo se vê alterado pelo rumor de que chegará da capital e incógnito um inspetor geral com o fim de investigar a administração do lugar. Quando se sabe que um desconhecido chamado Khlestakóv está hospedado em um pequeno hotel bem próximo e que tem um comportamento muito estranho, o prefeito e seus asseclas crêem que se trata do inspetor geral que viaja incógnito. O prefeito lhe oferece magnífica recepção e está disposto inclusive a ceder a mão da própria filha ao importante hóspede. Khlestakóv, ínfimo funcionário público, astucioso, inclinado ao jogo e à aventura, percebe o equívoco, se aproveita da oportunidade e aceita todo tipo de subornos que lhe oferece a cúpula administrativa. Com os bolsos cheios de dinheiro e de casamento marcado com a filha do prefeito, Khlestakóv resolve sair da cidade antes que seja desmascarado. Em meio a uma grande festa de comemoração, o chefe dos Correios entra correndo com uma carta que acabara de abrir, na qual o próprio Khlestakóv conta a sua aventura a um amigo de São Petersburgo e escarnece dos imbecis que o confundiram com um inspetor geral. Desfaz-se o equívoco e todos se dão conta do ridículo; além do mais, estão completamente sem dinheiro e nada podem fazer porque Khlestakóv já está longe. Ainda revoltados com as "injúrias" contidas na carta, recebem, paralisados, a notícia de que o verdadeiro inspetor geral, vindo de São Petersburgo, chegou à cidade.

A peça foi apresentada pela primeira vez a 19 de abril de 1836 em presença do imperador, o tzar Nicolau I e de toda a sua família, e se dependesse apenas dos poderosos que rodeavam o tzar, a peça teria sido retirada de cartaz imediatamente. Mas Gógol tinha amigos influentes que jogaram com a vaidade de Nicolau I, comparando-o a Luís XIV, absoluto e culto. O tzar seria então o supremo árbrito da questão, como o fora o rei francês no caso de *O Tartufo*, de Molière. Nicolau acabou concordando em ver a peça. No fim, comentou: "Essa é uma peça e tanto. Todo mundo recebeu o que merecia. Eu mais do que o resto".

O tema foi considerado, na época, provocativo por grande parcela do público que parecia receber a peça como uma chicotada. Houve um alvoroço generalizado na sociedade de São Petersburgo. Os conservadores viram nela uma calúnia e uma propaganda perigosa. Os liberais argumentavam que era real, um fiel reflexo da realidade e dos tempos sob as ordens do tzar Nicolau I.

Assim como o texto de Gógol, a encenação de Meyerhold, em 1926, surgiu em meio a acirradas polêmicas de crítica e de público. A crítica conservadora e burocrática não podia aceitar as reformulações do texto e as inovações propostas pelo espetáculo. Não compreendia, por exemplo, um Khlestakóv que se apresentava sempre acompanhado de uma espécie de sombra, um oficial emudecido que certos críticos interpretavam, não sem reservas, como o "outro eu" da personagem.

A preparação do espetáculo teve início em outubro de 1925, embora se saiba que o interesse do encenador em montar o texto de Gógol vinha se manifestando desde o ano de 1908. Depois do ritmo acelerado de suas produções dos inícios dos anos vinte, o trabalho sobre *O Inspetor Geral* foi longo, complexo e bastante discutido no seu decorrer entre a equipe de realização, como se verá nos textos traduzidos que se seguem.

É preciso salientar que a montagem de *O Inspetor Geral* encerra a chave para a compreensão de todo o desenvolvimento do trabalho criativo do encenador ao longo de sua diversificada carreira.

De fato, essa encenação pode ser considerada uma espécie de súmula criativa do teatro de Meyerhold, síntese orgânica dos elementos estéticos, métodos e técnicas que ele vinha pesquisando em suas diversas produções desde os inícios do século: a *commedia dell'arte*, as improvisações, a pantomima, o grotesco, o simbolismo cênico.

Assim, propondo-me, em última análise, discutir o amplo alcance do projeto estético de Meyerhold no nível de uma teoria e prática artísticas no âmbito da arte teatral, a opção em traduzir os escritos de Meyerhold relativos à estruturação do espetáculo *O Inspetor Geral* teve como objetivo captar as propostas do diretor no calor de sua criação, de sua *praxis* artística para, a partir daí, tentar traçar na segunda parte do livro a evolução e a essência de seu pensamento teórico, captando-o tanto na sua emergência como na multiplicidade de suas modulações práticas.

Vsévolod Emilievitch Meyerhold (1874-1940) iniciou sua carreira teatral na companhia formada por Nemirovitch-Dantchenko e Konstantin Stanislavski em fins do século XIX. O Teatro Popular de Arte de Moscou (a palavra "popular" desapareceu anos depois) tornou-se o templo do naturalismo cênico e do realismo psicológico e foi, para Meyerhold, uma grande escola. Porém, mais do que isso, teve importância fundamental para as inquietações estéticas de Meyerhold, as quais o levariam a um posterior rompimento com a companhia de Stanislavski e à busca de novas vias.

Meyerhold vai-se inspirar no impressionismo, no cubismo e finalmente no expressionismo alemão para o desenvolvimento e a pesquisa de valores puramente formais que teriam um papel crescente na afirmação da teatralidade e no seu princípio de um teatro de convenção e estilização.

A busca de uma disposição frontal das personagens, nova dicção, a luz como forma de substituição da cenografia, e, sobretudo, os experimentos com música no espetáculo marcariam as preocupações estéticas de Meyerhold ao longo de toda sua trajetória.

A etapa de maior repercussão deste encenador acontece nos anos seguintes à criação de seu Outubro Teatral, quando, em 1920, é nomeado chefe do Departamento Teatral do Comissariado de Instrução e declara a necessidade de se fazer "uma revolução no teatro e de refletir em cada representação a luta da classe trabalhadora por sua emancipação". Também o encontro com Vladímir Maiakóvski seria decisivo para o posterior desenvolvimento do trabalho de ambos, tanto no plano estético quanto no político e ideológico.

É nessa etapa que se dá o estreito contato com o grupo dos construtivistas que buscava, no campo das artes plásticas e da arquitetura, uma arte baseada no materialismo desvinculada de toda herança cultural idealista do passado. Meyerhold toma os postulados construtivistas, sobretudo o princípio da beleza funcional e utilitária, como meio de se pensar os problemas da proletarização da arte, o que o leva também à elaboração de sua famosa teoria da biomecânica.

A eliminação de elementos decorativos e da cenografia como um todo resultaram num palco mais amplo, disponível unicamente para uma grande construção que sirva ao ator. O fundamento da interpretação era a racionalização dos movimentos. Longe da *mimesis* naturalista, o ator deveria, através de exercícios ginásticos, procurar a mecânica de seu próprio corpo para a construção da personagem.

Os gestos e movimentos do corpo perfeitamente coadunados expressariam um desenho cênico preciso. A criação artística não é, pois, uma cópia do real, mas uma reflexão sobre a realidade.

A partir de 1924, porém, o Partido passou a exigir, paulatinamente, que o teatro se empenhasse numa proposta ideológica e na construção do socialismo – em suma, que houvesse obras que refletissem "fielmente" a vida cotidiana, lançando os cânones do realismo socialista.

Ora, é em 1926 que Meyerhold monta seu *O Inspetor Geral*. Abandonando a montagem construtivista, o encenador volta a usar objetos reais em cena, acrescentando boa dose de requinte e luxo a seus espetáculos. Retorna também seu interesse pela palavra e, como os textos da época manifestassem um realismo que não o interessava, ele recorre aos clássicos, adaptando-os.

Neste sentido, a leitura cênica de *O Inspetor Geral* empreendida por Meyerhold representa o auge desta sua fase. O texto teatral foi completamente refundido com o resto da produção literária de Gógol. Ao lado da visão geral do que havia sido a Rússia de Nicolau I, o espetáculo fazia clara alusão à burocracia soviética pós-revolucionária.

Para isso, Meyerhold introduziu algumas modificações no original. A pequena província onde se desenvolve a ação transforma-se numa importante cidade e os pequenos funcionários são agora altos dignatários e oficiais. A mulher do prefeito não é uma provinciana bobalhona e, sim, uma autêntica cortesã entre os oficiais do marido. Khlestakóv assume-se como aventureiro inescrupuloso, algo arlequinesco, e o velho criado Óssip torna-se um jovem espertalhão, cúmplice de seu senhor.

O espetáculo afigurava-se como uma grande pantomima, com inúmeras personagens mudas que se integravam em coro e atuavam dando resposta em uníssono. Além disso, o coro cumpria uma função rítmica com relação à ação e desenvolvia evoluções que iam do breve murmúrio ao forte rumor. Cada personagem tinha seu tema musical que se desenvolvia conforme a evolução das cenas e dos movimentos. A ação transcorria numa plataforma móvel, tendo ao

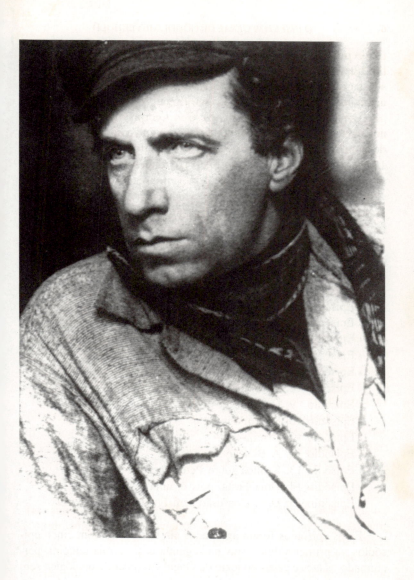

V. E. Meyerhold, 1921.

fundo um painel semicircular com quinze portas pintadas de vermelho que aludiam a toda Rússia. Praticáveis, saindo da obscuridade, surgiam inesperadamente em cena. O figurino, os móveis e demais acessórios eram autênticos e de muito valor.

O primeiro ato de *O Inspetor Geral* corresponde na encenação aos episódios 1, 2 e 3. O segundo ato, ao episódio 4; o terceiro ato desdobra-se nos episódios 5, 6, 7, 8, o quarto ato nos episódios 9, 10, 11 e 12 e o quinto ato do texto gogoliano corresponde aos episódios 13, 14 e 15 do espetáculo meyerholdiano.

Cada episódio traz um título que sintetiza de certo modo o movimento da ação, ao mesmo tempo que explicita o seu tema-condutor, espécie de *leitmotiv*.

São os seguintes os títulos dos episódios que compõem o espetáculo:

- Episódio 1: A Carta de Tchmíkhov
- Episódio 2: Um Fato Imprevisto
- Episódio 3: O Unicórnio
- Episódio 4: Depois de Penza
- Episódio 5: Repleta de um Terníssimo Amor
- Episódio 6: A Procissão
- Episódio 7: Em Torno de uma Garrafa de Tolstobriuchka*
- Episódio 8: O Elefante Desmorona
- Episódio 9: Os Subornos
- Episódio 10: Senhor Finanças
- Episódio 11: "Beija-me"
- Episódio 12: A Bênção
- Episódio 13: Sonhos sobre Petersburgo
- Episódio 14: Uma Festa, pois é, uma Festa
- Episódio 15: Uma Confusão sem Igual

Esses episódios foram agrupados em três partes com cinco episódios na primeira delas, seis na segunda e quatro na terceira, percorrendo os atos e cenas do texto de Gógol em ordem cronológica sem romper a ordem dos acontecimentos e do desenvolvimento da ação.

Esta divisão em episódios já havia sido experimentada por Meyerhold em outros espetáculos. Afigurava-lhe esta estrutura ser mais apropriada ao modo de percepção do espectador moderno, além de permitir, também, uma ênfase maior na ação teatral do que no texto literário.

Mas adequava-se, sobretudo, à própria técnica de composição gogoliana que, ao invés de um desenrolar lógico, constrói a ação

---

* Licor muito forte, cujo nome faz referência à garrafa bojuda que o contém.

através de quadros isolados, cada qual, organicamente tecido segundo uma unidade de atmosfera, mas que no conjunto perfazem uma linha de ação tortuosa, repleta de armadilhas, surpresas e imprevistos. Neste sentido, as diferentes cenas do texto parecem estar justapostas nos episódios meyerholdianos de maneira mecânica, quando, na verdade, encobrem uma lógica própria, por vezes fantástica ou absurda, bem típica do procedimento artístico de Gógol.

Para cada episódio Meyerhold reagrupou um certo número de cenas em torno de um mesmo tema e sob um único título. Cada um dos episódios forma, portanto, uma totalidade com sua própria intriga, seu início, seu fim e seu estilo próprio.

Meyerhold inaugurava já na década de vinte do nosso século a figura, hoje tão decantada, do "autor de espetáculo". Seu *Inspetor Geral* é um poema teatral em quinze episódios. Estes episódios, interligados por um tema único subjacente ao próprio texto dramatúrgico, resultam, do ponto de vista cênico, de uma percepção global de toda obra de Gógol. Nessa medida, Meyerhold é autor de uma obra teatral onde o encenador é também dramaturgo. O texto literário não está simplesmente representado no palco, mas é objeto de uma reflexão e de uma re-criação cênica cujo produto artístico encerra uma simbiose entre o texto e sua projeção espacial, visual e sonora. O encenador não é simples instrumento de evocação do texto, mas seu co-criador, que busca através do espetáculo uma leitura analítica e crítica da obra como um todo, filtrada esteticamente por um complexo processo de trabalho que conjuga as mais diversas linguagens que estruturam o fenômeno teatral.

No que se refere ao texto dramatúrgico, existem de fato dois textos que serviram de base ao *Inspetor* de Meyerhold: o texto cênico que é a terceira redação de 1836 e o texto de 1842 publicado em 1843 nas *Obras Completas* de Gógol. Além destes dois textos, existem algumas variantes e diversas correções que o próprio Gógol efetuou em função das pressões que sofria, quer da censura da época, quer de sua própria autocensura que o atormentou durante toda a vida.

Meyerhold, portanto, não desprezou, e até conferiu primordial importância ao fato de que, desde o instante primeiro de sua concepção, *O Inspetor Geral* foi constantemente modificado, re-escrito e reelaborado por seu criador.

O primeiro texto publicado em 1836 já difere daquele destinado ao palco, escrito por Gógol no mesmo ano: o texto de 1843, o mais longo e complexo, que inclui a cena muda final e novos arranjos relativos principalmente ao 4º ato, foi o que nos chegou como definitivo e canônico, embora representado só depois de 1870.

Meyerhold e seu assistente M. Kóreniev recriaram o texto de *O Inspetor Geral* a partir de seis variantes da peça. Tomaram como base o texto de 1843 e acrescentaram cenas das primeiras variantes e réplicas retiradas de outras personagens em outras obras gogolianas como, por exemplo, *Almas Mortas, O Casamento, Os Jogadores*. Além disso, todo o universo do espetáculo está impregnado desses outros textos como uma espécie de alusão indireta e subliminar que amplia a significação do conjunto cênico, dotando-o de maior densidade e rigor crítico-estético.

Meyerhold cultivava uma profunda admiração por E. T. A. Hoffmann (1776-1822) e suas novelas grotescas e inusitadas. De fato, a cena final do espetáculo era, pode-se dizer, hoffmannesca. O prefeito enlouquecia e a mulher desmaiava, enquanto caía um telão branco com letras douradas que anunciava a chegada do verdadeiro inspetor. Quando o telão se erguia novamente, as personagens paralisadas de assombro apareciam substituídas por manequins, criando uma atmosfera lúgubre.

Uma vez que a estréia do espetáculo acontece a 9 de dezembro de 1926, verifica-se, a partir do material traduzido, que o trabalho de preparação durou, no mínimo, um ano e meio. Pode-se obter também uma visão da trajetória do processo desde o início dos trabalhos, momentos de seu processo de estruturação, até o resultado e a avaliação final do espetáculo feita pelo próprio encenador em função das críticas e da discutida recepção da obra.

Durante o desenvolvimento dos ensaios, como ocorre normalmente, alguns detalhes foram alterados. Portanto, certas indicações de cenas e características das personagens nesses escritos nem sempre correspondem exatamente à forma como foram realizadas pelo espetáculo depois de concluído.

A tradução se constitui dos seguintes textos:

Explicação do Espetáculo – 20 de outubro de 1925.

Conversa com os Atores – 17 de novembro de 1925.

Observação nos Ensaios do Primeiro Ato – 13 de fevereiro e 4 de março de 1926.

De uma Conversa com os Atores – 15 de março de 1926.

Informe sobre O Inspetor Geral – 24 de janeiro de 1927.

O conjunto de textos foi publicado pela editora soviética Iskustvo, Moscou, 1968, no segundo dos dois volumes que integram os escritos do encenador: V. E. Meyerhold, *Státi, písma, retchi, bessedi (Artigos, cartas, discursos, conversas)*, edição na qual a tradução está baseada.

Como se trata, na sua maioria, de discursos orais, a tradução tentou conservar ao máximo o tom e o estilo vivos da elocução, mantendo mesmo certas "estranhezas" discursivas, desde que não implicassem maiores dificuldades para o entendimento do leitor. São perceptíveis também, no original, certos problemas decorrentes de uma taquigrafia apressada na qual os textos se baseiam e que tentamos, sempre que possível, contornar, visando a clara enunciação das idéias do diretor.

Para a elaboração desse material, a edição soviética contou com a colaboração do diretor-assistente M. M. Kóreniev que, juntamente com Meyerhold, estruturou o texto cênico da montagem, a partir do estudo e da composição de algumas variantes do texto escritas pelo próprio Gógol.

Principais papéis e intérpretes:

– *Khlestakóv*: E. P. Gárin
– *Prefeito*: P. I. Starkóvski
– *Ana Andréievna*: Z. N. Raikh (mulher de Meyerhold)
– *Maria Antónovna*: M. I. Babánova
– *Khlópov, o Inspetor de Escolas*: A. V. Lóguinov
– *Liápkin-Tiápkin, o juiz*: N. V. Karabánov
– *Zemlianíka, diretor do hospital*: V. F. Záitchikov
– *Chefe dos Correios*: M. Múkhin
– *Dóbtchinski*: N. K. Mológuin
– *Bóbtchinski*: S. V. Kózikov
– *Óssip*: S. S. Fadéiev
– *Guíbner, o médico*: A. A. Temérin

Personagens criadas por Meyerhold:

– *Oficial de passagem*: A. V. Kelberer (sempre vestido com um uniforme azul)
– *O Capitão*: V. A. Maslatsóv
– *A Faxineira*: S. I. Subótina

A estréia de *O Inspetor Geral* em 1926 bem poderia ter sido o marco do início de um período de maturação artística, equilíbrio estético e de grande sucesso na vida de Meyerhold. Mas, ao contrário, o espetáculo marcava, na verdade, o auge e, talvez, o começo do fim de sua brilhante carreira.

O final da década de vinte e toda a década de trinta significaram para este "mago do teatro", como Eisenstein o qualificara, uma das fases mais difíceis de sua trajetória: crise de repertório, distúrbios internos na Companhia do TIM (Teatro Estatal Meyerhold), conflitos de personalidade, problemas financeiros, crise no trabalho criativo. Perseguido pela crítica oficial, incompreendido por atores e encenadores que nada mais eram do que seus epígonos sem maior significação, isolado e solitário, Meyerhold tentava ainda, nesses últimos anos de sua vida fazer frente ao período mais sombrio do stalinismo.

Ainda depois de *O Inspetor*, durante os anos seguintes, o diretor realizou algumas encenações às quais se dedicou com total empenho e que tiveram grande repercussão, como aquelas dos textos de Maiakóvski em 1929-1930: *O Percevejo* e *Os Banhos*. Ambas, como se sabe, eram uma crítica direta à burocracia soviética e à mentalidade pequeno-burguesa que havia despertado a NEP (Nova Política Econômica).

Meyerhold se recusava a curvar-se à deformação do conceito de realismo jdanovista e à falsa alegria "positiva" mostrada pelos teatros. Vivia, portanto, cada vez mais tragicamente o problema das relações entre a burocracia e a arte, ou melhor, entre os burocratas da arte e o criador, conflito que Maiakóvski preferiu resolver com o fim da própria vida.

Qualificado publicamente pelo Partido como "chefe do formalismo no teatro" e responsável por obras "estetizantes e retrógradas", obrigam-no a pronunciar um discurso para reconhecer seus "erros" formalistas e propor um "realismo verdadeiro" como único objetivo artístico.

Mas o fato é que Meyerhold, como resposta às acusações e aos ataques de que continua sendo objeto, pronuncia em 1936, em Leningrado, uma conferência com o título "Meyerhold contra o Meyerholdismo", onde ataca seus imitadores e aqueles que não entendem as suas propostas estéticas. Um mês depois na "Conferência dos Diretores Teatrais", diante da acusação de Taírov e de alguns de seus antigos alunos, nega-se a retratar-se e ataca corajosamente a política cultural do Governo e do Partido. Defendia ostensivamente seu credo de artista, seu "realismo à base da convenção" e à audácia e rebeldia dos anos vinte correspondiam a coragem e a determinação dos anos trinta.

Em janeiro de 1938 o Teatro Meyerhold é fechado por decreto e nesse momento, inimigo maldito do regime, e sem poder trabalhar, se reencontrará com o antigo "adversário" Stanislavski que lhe oferecerá um cargo nos Estúdios do Teatro de Arte de Moscou, e com quem trabalhará por alguns meses, até a morte de Stanislavski em junho desse mesmo ano.

É oportuno lembrar que, independente das circunstâncias, esse reencontro final entre os dois grandes diretores do teatro russo se dá no momento em que Stanislavski reelabora o seu sistema de interpretação a partir do método das "Ações Físicas", ao mesmo tempo em que o próprio Meyerhold continuava bastante interessado na interpretação do ator, sobretudo em aprofundar as pesquisas da biomecânica através de partituras de jogo cênico que pudessem fazer

Z. Raikh e V. Meyerhold, 1923.

o ator revelar traços psicológicos profundos na expressão e no efeito sobre a emoção do público.

E Meyerhold profetizará: "Ele [Stanislavski] e eu abordamos a solução de uma tarefa como os construtores de um túnel embaixo dos Alpes: cada um avança pelo seu lado, mas em alguma parte, no meio, com certeza nos encontraremos". E a despeito dos pontos divergentes existentes entre os dois, o próprio Stanislavski afirmava em 1935: "o único encenador que conheço é Meyerhold".

Hoje, após meio século de silêncio oficial sobre a vida, a obra e a morte de Meyerhold, sabe-se enfim, com a recente possibilidade de acesso aos arquivos soviéticos e a divulgação de materiais e documentos, que Stalin decretou o fuzilamento do encenador russo em 2 de novembro de 1940.

Sabe-se que foi detido e deportado três dias após o Congresso Geral dos Diretores Teatrais, ocorrido em 1939, onde mais uma vez se negara à manifestação pública de submissão e retratação artística e em seu discurso perguntara "se um diretor não tinha direito de experimentar suas idéias criadoras".

Sua mulher, a atriz Zinaída Raikh, protagonista de quase todos os seus maiores espetáculos e objeto de intrigas e ciúmes no meio teatral, foi encontrada morta, pouco depois da prisão de Meyerhold, em seu apartamento em Moscou, sendo que os informes policiais atribuíram o crime a um vagabundo "desconhecido".

A este trágico destino, sem dúvida muito pouco digno para um dos principais criadores da década de vinte, o próprio Meyerhold já respondera com suficiente ironia, confiante, por certo, de que a partir dele nasceria toda uma nova corrente teatral e que o futuro, mais cedo ou mais tarde, reavaliaria seu rico passado:

> Se, depois de minha morte, vocês tiverem que ler biografias nas quais sou retratado como um sacerdote, vaidoso de minha própria importância, proferindo verdades eternas, eu os encarrego de declarar que tudo isto é calúnia e que fui sempre uma pessoa muito feliz.

Parte I: Sobre *O Inspetor Geral* *

V. Meyerhold

---
* Tradução do russo de Arlete Cavaliere.

1. *O Inspetor Geral*

EXPLICAÇÃO DO ESPETÁCULO*

(20 de outubro de 1925)

A dificuldade deste espetáculo consiste no fato de que, como em todas as peças deste tipo, pressupõe-se aqui fundamentalmente o ator, e não o encenador. Por isso o encenador deve, antes de mais nada, ter por objetivo a criação de um espaço cênico onde seja fácil para os atores conduzir o jogo sem qualquer momento de embaraço. É necessário então equipar o palco para que nele se possa representar facilmente. Certamente, este será sempre o trabalho do encenador. Em *Bubus*[1], era fácil se representar, porque havia um fundo musical sobre o

---

* A edição soviética na qual a tradução está baseada, e de cujas notas em parte me utilizo, informa-nos que este estenograma encontra-se no Arquivo Central de Literatura e Arte do Estado da URSS e que algumas correções foram introduzidas a partir das notas de M. Kóreniev, assistente de direção de Meyerhold.

1. Trata-se do espetáculo *O Professor Bubus* [*Utchítiel Bubus*] de Faikó, encenado em 29 de janeiro de 1925. Uma série de pantomimas em ritmo retardado conferia ao espetáculo um aspecto sombrio e enigmático, símbolo de uma Europa em declínio e decadente que a peça se propunha mostrar, embora de forma elegante e refinada. A cenografia sofisticada construída por Iliá Tchlepianova apresentava um semicírculo compacto de bambus que tiniam ao toque dos atores. No plano superior, numa concha dourada, um pianista de fraque executava peças de Liszt e Chopin, intercaladas com os *fox-trot* de uma banda de *jazz*. Após vários espetáculos nos quais Meyerhold desnudara completamente o palco, voltava agora a recobri-lo com este cercado de tubos sonoros, escondendo novamente do público os segredos técnicos de teatro.

qual se criava uma atmosfera de certa autolimitação: você quer fazer uma pausa, mas a música o apressa. Ou então, você quer se deixar levar pela livre improvisação, mas a encenação está construída de tal modo que se você romper algum elo, cairá numa situação sem saída, não há onde se meter. As transições estão construídas de tal forma que se o primeiro passo for dado então será preciso dar também o segundo, o terceiro, também o quarto, e ir até o ponto final.

Em *Bubus*, como vocês se lembram, eram apresentados planos gerais e é justo que alguns considerassem este espetáculo como um *ballet* num teatro dramático. História semelhante já me ocorreu certa vez no Teatro Aleksandrínski quando montei *Don Juan*. Escreveram: "Ballet no Aleksandrínski", pois julgaram a encenação semelhante à de um *ballet*. Mas foi o texto que me obrigou a esta configuração de *ballet*, ou mais exatamente, foi o roteiro[2] que está construído de tal forma a exigir uma montagem como um espetáculo de *ballet*. Pelo menos, foi assim que li este roteiro e me parece que alguma coisa acertei.

Aqui estamos diante de uma peça sobrecarregada por um texto enorme. *O Inspetor Geral* durava nos anos noventa, nos Teatros Imperiais, de três a quatro horas, e depois, no Teatro de Arte, durava mais do que quatro horas, enquanto que na época de Gógol representavam-na em duas horas e meia. Vejam que coisa interessante. O espetáculo durava duas horas e meia quando Diur[3] e outros o representavam, e depois quatro horas. Pois então, nisto pode estar a chave para a solução. Mas este espetáculo que durava duas horas e meia não foi aceito por Gógol – faziam bobagens, disse. Representavam-no como um puro *vaudeville*. Aqui a tarefa consiste no esforço de se conservar a rapidez do *vaudeville*, e, ainda assim, montar um espetáculo sério. Neste sentido, o encenador deve ir ao encontro do ator e criar um espaço cênico no qual não se perca tempo em deslocamentos pois, na maioria das vezes, se calcularmos o tempo da fala e o tempo do jogo da pantomima, obteremos já uma certa duplicação. Tomem um fragmento de *O Mandato*[4]. Mar-

---

2. A palavra сценарий (*stsenari*) em russo apresenta três significações principais: argumento e roteiro na acepção cinematográfica, e adaptação, no sentido artístico, por exemplo, adaptação de uma obra literária. Meyerhold utiliza freqüentemente, como se verá, termos técnicos retirados da linguagem cinematográfica, o que mostra a forte influência que o cinema passará a exercer cada vez mais na estrturação da linguagem cênica de seus espetáculos.

3. N. O. Diur (1807-1839) representou o papel de Khlestakóv na primeira encenação de *O Inspetor Geral* no Teatro Aleksandrínski em 19 de abril de 1836.

4. O encenador refere-se aqui à sua montagem de *O Mandato* (*Mandát*), texto de Erdman, representado em 20 de abril de 1925. A encenação de Meyerhold criava uma espécie de museu de cera, com a fixidez alucinada das personagens, burgueses bem-vividos que sonham com a restauração do velho regime e que eram dispostos em

tinson diz lá uma frase: "Sabeis o que o poder soviético fez com a arte?" Depois vem uma pausa. Depois um jogo cênico qualquer. Depois ele diz novamente qualquer coisa, e de novo uma ruptura. Logo depois volta a dizer: "Eu não me refiro ao imaginismo..." – de novo uma pausa. Isto é um exemplo de como as interrupções do texto podem prolongar um espetáculo. É claro que *O Mandato* tinha o seu próprio objetivo, o da encenação. Talvez fosse possível reduzir algo. Quando corrigíamos a cena de Martinson e Raikh, retirávamos alguma coisa e o texto se tornava mais compacto.

... A pausa é muito tentadora porque permite o jogo, e isto é extremamente sedutor, sobretudo se o ator tem domínio sobre a mímica. Mas o senso de medida do ator, a intuição do ator sempre lhe diz: isto está a mais, isto se pode fazer de outro modo. Se for um ator de reação pouco dinâmica levará então um tempo enorme para pensar, para refletir. Até que ele acione a alavanca de um jogo para outro, até que prepare seu aparelho, se situe – só então começará a interpretar. Neste caso a pausa torna-se insuportável.

Uma vez que precisávamos impedir a anarquia na interpretação do ator, aquilo que se chama "ação interior"[5], quando de repente o ator faz qualquer coisa que lhe passa pela cabeça, nos propusemos, então, a tarefa de uma autolimitação no espaço cênico, como se faz nas partituras musicais. Ali cada compasso está separado por um pequeno traço. Em cada compasso há uma nota que se canta ou se toca, ou durante a qual se silencia. Aqui, uma vez que os atores aprendem nos ensaios, cada espetáculo atende, por assim dizer, a dois objetivos: de um lado fazemos para o público isto e aquilo, e do outro, nós mesmos é que aprendemos. Por isso freqüentemente acontece de se querer retirar do espetáculo um momento qualquer, mas do ponto de vista pedagógico é necessário conservá-lo, pois é assim que se aprimora o talento do ator. Estamos passando agora da fase de aprendizagem para a fase de mestria e estamos preocupados em graduar um certo número de atores, mesmo que a título de uma graduação precipitada; porque para ser um verdadeiro ator é preciso de sete a nove anos, assim como um violinista. Um curso de três anos é claro que é uma convenção.

Em *O Inspetor Geral* deve haver a seguinte tarefa pedagógica: interpretar o texto de maneira a não prolongar o espetáculo por muitas horas.

círculos concêntricos móveis em poses congeladas de manequins grotescos, fixando os espectadores com olhos esbugalhados. Resultava numa estranha comicidade o contraste entre o entorpecimento fúnebre e os lances improvisados das cenas do espetáculo.

5. Literalmente игра нутром (*igrá nutróm*) significa jogo pelo "interior", representar instintivamente, denominado por Stanislavski *perejivánie*, experiência interior dos sentimentos vividos.

Desenho de Meyerhold.

Maquete.

Aqui me proibi de fazer planos gerais porque isso leva tempo. É preciso colocar toda esta gente que vai representar sobre um praticável de aproximadamente cinco metros[6] quadrados, não mais do que isso. Isto é, colocá-los sobre uma área bem apertada e iluminá-la de tal forma que esteja claro, mesmo sendo noite, porque assim o jogo mímico terá realce. Sendo tudo tão apertado, já não poderemos manter aqueles ângulos a que estamos acostumados, e será preciso se situar de um modo bastante compacto, algo assim como no cinema. A câmara cinematográfica apreende muito pouco. Se o ator está perto dela, então naturalmente, o jogo está bastante evidente, mas à longa distância já não será tão visível. Acreditamos ser Mary Pickford[7] quem passa voando sobre um cavalo, mas na realidade é alguma acrobata de circo. Ali também tudo é muito reduzido, mas isto não atrapalha nem um pouco a visão. Num plano tão restrito pode-se mostrar o que bem se entende, lembrem-se de Chaplin – que cenas complexas ele faz, ou Keaton – que representa em três metros, às vezes em dois, e às vezes simplesmente numa cadeira. Senta-se e faz a cena. A propósito, nosso diapasão está se ampliando: sabíamos representar sobre um espaço vasto, e agora vamos representar num outro, bem reduzido, numa poltrona ou numa mesa, deitados numa cama ou sentados num sofá.

O que é o jogo mímico? Será que é somente o jogo facial? Não, é também o jogo das mãos, o jogo com os ângulos e não apenas um giro de cabeça, de ombros; é preciso compor-se numa cadeira, numa poltrona etc.

O palco terá uma forma quase oval, será limitado e levado para bem próximo da platéia. Toda a cenografia consiste numa série de superfícies polidas voltadas para o público. É preciso escolher uma superfície polida de modo a criar uma associação com a época, própria aos anos trinta-quarenta. Tomemos o mogno. Pois então – painéis polidos de mogno[8], voltados para o público. Eles são meio escuros, e por isso tranqüilizarão um pouco o espectador e propiciarão um fundo calmo. Destas superfícies polidas onze portas olham

6. O texto indica o *archim*: antiga medida russa que equivale a 0,71m. Traduziremos por 1m.
7. Mary Pickford, nascida em 1893, foi uma atriz e produtora americana que realizou vários filmes com Griffith.
8. Os painéis formavam a seqüência de superfícies polidas a que se refere o encenador. O espaço cênico era limitado por esses painéis de mogno que formavam um arco com onze portas dispostas uma ao lado da outra. O painel central, denominado por Meyerhold "painel do plano de fundo", compreendia três portas e podia se abrir formando uma espécie de portão, de modo a deixar passar um praticável que surgia do fundo escuro do palco, já pronto para dar início à ação: cenário, personagens, posições e marcações de cena rigorosamente dispostos.

para o público. O que isto significa? Isto significa predispor o público à expectativa. Algo nos espera. O painel que está colocado no plano posterior possui duas portas dispostas de maneira a deixar livre o seu centro. Esta parede do plano posterior pode abrir-se para deixar sair perpendicular ao público, segundo o método de *O Mandato*, um praticável com cenário completo. Obtém-se uma outra impressão, pois é todo um enorme volume que avança. Aqui haverá um sistema de alternância de dois praticáveis que por detrás vão se bifurcar para dois lados, assim... como os bondes: um vira para uma rua e outro para a outra. Ou talvez um praticável vai e o outro vem.

Agora, a construção da comédia. Há unidade de lugar: a ação se passa na casa do prefeito. Sim, unidade de lugar, mas então como se explica que a cena de Khlestakóv no hotel seja a única que não transcorre em casa do prefeito? Ela escapa à unidade de lugar. Que estranho, que absurdo é este? A tarefa é difícil – como então construir esta cena como se estivesse fora da peça. Pois é isso mesmo que faremos, isto é, ela se passará na frente do palco num outro praticável. Mas para que não se crie a impressão no público de que a ação se passa no andar inferior da casa do prefeito, instalaremos uma eclusa[9] acionada por dois cabos. A eclusa funcionará também como um pano de boca e que se ergue diante do palco como uma marquise que servirá de fundo para a cena de Khlestakóv e Óssip, mas servirá também para encobrir, quando for necessário, o pequeno praticável cuja retirada não seria agradável de se ver. Levantaremos então a eclusa e o público não verá esta "saída". Para a galeria superior, é claro, isto não vai adiantar, mas se pode resolver com a ajuda da luz, aumentando a escuridão – e o público compreenderá o que a marquise significa: não precisa ver. O resto é simples.

Primeira e segunda cenas. O prefeito informa que ele tem consigo uma carta. Sobre o palco há somente um grande, um enorme sofá no qual nove pessoas podem estar sentadas. Existiam sofás assim, até maiores ainda. Estão apertados. Estão sentadas várias pessoas. Isto eu aprendi com os cineastas americanos. Eu não gosto, não gostava e nunca vou gostar de maquiagem. E quando os atores discutem comigo, eu me calo, pois eu sei que chegará o momento em que eles também não vão gostar de maquiagem. Os cineastas americanos fazem assim. Se um diretor necessita de uma pessoa que se encaixe na personagem que ele tem na cabeça para um determinado papel, ele procura esta pessoa na rua. Griffith faz coisas do gênero: anda, vê uma pessoa que se encaixa exatamente em seu

---

9. Esta eclusa não foi construída. No episódio cuja ação se passa no hotel desceria um praticável especial da parte superior do palco com o cenário já todo montado, parando no centro do portão aberto.

tipo. Aproxima-se e diz: "Queira desculpar, aqui está meu cartão, gostaria muito de filmá-lo, bem, levará apenas alguns minutos". Convida-o para seu estúdio e faz dele o ator de um determinado momento. Aqui também será assim. Procuraremos distribuir os papéis de modo a haver uma alternância: um gordo, um alto, um magro, um gorducho, um baixinho, um mais alto, um mais baixo. Aí então a composição torna-se fácil, não é preciso uma caracterização especial, colar narizes, pescoço, orelhas, mas simplesmente lhe daremos um penteado e com este penteado ele se arranjará em absolutamente tudo que precisar.

Eis então que esta gente está sentada no sofá. Mas vejam o mais importante: o praticável que vamos construir para esta cena será inclinado, bastante inclinado. Não será fácil andar. Também os móveis estarão um pouco oblíquos, inclinados em direção ao público. Diante deste sofá está uma mesa de mogno com uma superfície polida e não há nada sobre ela, mas estará tão encostada ao sofá que não será possível passar entre os dois. Conseqüentemente, vamos cortar os que estão sentados na altura da cintura – por debaixo da mesa serão vistas somente suas pernas e, por cima, seus rostos e mãos. Convém lembrar vocês de um quadro de Dürer – *Gesú che disputa con i dottori*[10], que tomo como *leitmotiv* do que vou-lhes recomendar. Em *O Covarde*[11] o diretor consegue isso através de um jogo de mãos. É claro que ninguém notava porque quem é que precisa disso, a não ser eu. Ali estão dois velhotes, e um deles faz um jogo bastante interessante com o lenço e o charuto. Ele fuma como quem não quer nada, como se estivesse tão-somente tragando a fumaça. Mas não, com a ajuda deste charuto ele constrói um jogo como se fosse um prestidigitador que distrai o público quando quer fazer sair um canário de sua manga. Neste momento ele faz mais alguns outros passes e desvia sua atenção. Vocês não olham para as manipulações que ele faz com o canário e sim para uma outra coisa. Aqui o jogo com as mãos e uma certa mímica tornam-se independentes um do outro.

Pois então, a superfície polida da mesa possibilita colocar as mãos em evidência, mostrá-las ao público. Trata-se, pode-se dizer, de uma exposição de mãos e rostos. Fumam cachimbos de diferentes tamanhos – bem pequenos, mais compridos, mais compridos ainda etc. Toda essa gente fuma e funga, realmente funga e quase cochila, um ou outro chega a dormir. O prefeito não está no palco. Ele os

---

10. Meyerhold mostra a reprodução deste quadro que tinha visto em Roma no verão de 1925.

11. *O Covarde* é o título dado na URSS ao filme do diretor americano James Cruze, *The Fighting Coward*, 1924.

convidou, e eles ficam lá, esperam: para que foram convidados – isto eles não sabem. Foram convidados, então ficam ali sentados. Ficam assim por muito tempo. Só depois é que chega o prefeito. É claro que ele não chegará pelo plano lateral, lá as portas estão quietas. Ah! Vocês dirão, então haverá planos gerais. Sim, haverá planos gerais, mas só lá pelo quinto ato. Mas são especiais esses planos, são gerais mas compactos ao mesmo tempo. Pois então, ele entrou como se saísse das coisas, porque ali há uma cômoda, um armário e candelabros, e as pessoas como que saem das coisas. Desta forma, ele precisa dar dois ou três passos, não mais, para se incorporar de uma só vez ao todo.

Tendo encontrado a fórmula dramatúrgica da divisão de um espetáculo em três partes (*A Floresta*), nos esforçaremos de aplicá-la, se possível, também aqui.

Mikhail Mikháilovitch Koreniev, embora defenda os interesses acadêmicos brecando-me de todas as maneiras, tentou imaginar a possibilidade de tal divisão e disse que é possível. Mas isto é assunto para depois. Por enquanto, eu e ele, a fim de marcarmos os movimentos dramatúrgicos no desenvolvimento do espetáculo, dividimos a peça numa série de episódios-transformações[12]. E vamos marcá-los através da troca de cenário, como em *O Mandato*; nada, a não ser a troca dos objetos, vai anunciá-los.

A primeira parte se divide da seguinte maneira: a primeira e a segunda cena se passam num só cenário, em seguida, a terceira, a quarta e a quinta[13]. Aqui afasto-me um pouco da tradição. Como se entende geralmente a palavra "Zás"?[14] "Zás" – e quebra-se o texto dramatúrgico, "Zás" – e surgem Bóbtchinski e Dóbtchinski, isto é, a notícia de que chegou o inspetor geral. Mas não é isso que vai ocorrer. "Zás" – e se retira o cenário, pois eu preciso pôr em "Zás" uma outra coisa, fazer disso uma ponte para o surgimento dos policiais. Além de mim, isto é claro, ninguém notará, isto não chegará ao público, eu sei, mas vai penetrar e fermentar na sala como um

---

12. Meyerhold estruturou finalmente o espetáculo em quinze episódios.

13. Quando se refere às cenas e aos atos, Meyerhold segue a divisão e numeração do texto de Gógol. Em língua portuguesa a peça *O Inspetor Geral* de Gógol foi publicada pela Editora Abril, São Paulo, 1ª edição, 1976, em tradução indireta do francês de Augusto Boal e Gianfrancesco Guarnieri e em tradução direta do russo de Zigmunt Turkow e Isaac Paschoal pela Cia. Editora Leitura, Rio de Janeiro, 1945.

14. A palavra "шасть" (*chast*) em russo não possui tradução exata para o português. Trata-se de uma expressão de interjeição de difícil tradução, cuja variante mais exata neste contexto nos pareceu "Zás" e que aparece no final da cena dois do Ato I da peça, quando o prefeito diz: "Este maldito inspetor incógnito não me sai da cabeça. Espera só e você vai ver a porta se abrir e – Zás..." Neste momento a porta se abre e entram Bóbtchinski e Dóbtchinski, dando início à cena três do Ato I.

Maria Antónovna interpretada por M. Babánova.

veneno de efeito retardado. No quinto ato a sala estremecerá: "Zás" e entra o policial.

Agora então, ... a terceira cena[15]. Como é que são mesmo as primeiras palavras? – "Um acontecimento extraordinário!", "Uma notícia inesperada!" O público ouve todo o tempo duas vozes que dizem e repetem isto o quanto for preciso. "Um acontecimento extraordinário!", "Uma notícia inesperada!" "Uma notícia inesperada, um acontecimento extraordinário!" ... Digam sem parar. Em seguida entram Bóbtchinski e Dóbtchinski – e não há ninguém em cena. Voltam a murmurar: "Uma notícia inesperada, um acontecimento extraordinário" – e depois, de todas as frestas, entre o armário, a estufa e a cômoda, de novo saem as pessoas esgueirando-se. Como baratas das frestas. Imaginem, apagam-se as luzes – e eles surgem de todas as frestas movendo os bigodes e cobrindo o palco todo. De que se trata? Outra vez o conjunto da mesa com a superfície polida, e Bóbtchinski e Dóbtchinski não fazem mais nada a não ser colocar as mãos sobre a superfície lisa – não fazem nada senão mover as mãos. Eles quase não sorriem, são pessoas muito sérias, sem nenhum elemento cômico. Eles estão ocupados em espiar se o recém-chegado come salmão ou não. Isto sim é uma coisa muito séria. São pessoas sérias e não fazem ninguém rir. Aproximar-se da porta, encontrar uma fresta, espiar através dela o que está acontecendo – até que a porta não se desprenda das dobradiças e eles não rolem pelo chão. É mesmo um trabalho muito difícil. Já que é preciso entrar na sala sem que ninguém veja, é preciso encontrar uma fresta. Por acaso não é um trabalho sério?

Vocês sabem, tem gente que junta nas ruas pregos, parafusos, trincos, trazem para casa e colocam tudo num canto. Eu tinha um tio assim. Fui à casa dele em Riga. Dou uma olhada – tudo está bem, a mobília boa, mas num canto tem um montão de pregos e diferentes objetos recolhidos na rua. Diz ele: "Sou rico porque juntava tudo isto". E quando andava com ele na rua, ele só olhava para o chão, até seu modo de andar tornou-se inclinado para baixo.

Por que estou falando disso? Porque é uma coisa muito séria. Um trabalho muito grande. Ele sai à rua, tem outras preocupações, mas olha para ver se não há algum prego. De fora, é engraçado, mas para ele é um trabalho. Aqui também é assim. Pois, afinal, em cena são papéis cômicos, porém, deve-se interpretá-los de modo sério. O resultado será cômico, mas deve-se interpretar essa gente seriamente, e no entanto era representada como figuras de *vaudeville*. Metiam-lhes umas calças muito claras e aparentavam ser ale-

---

15. Esta cena integra o episódio 2 do espetáculo de Meyerhold intitulado *Um Fato Imprevisto*.

gres, mas o trabalho que eles tinham é colossal. Observar como Khlestakóv come, depois vir contar, correr atrás da *drojki*[16] do prefeito. Com efeito, é mesmo difícil. Esta gente está cansada, ofegante. Aqui deve haver outra caracterização, uma outra mímica.

Agora, a sexta cena. A agitação de Ana Andréievna e Maria Antónovna. É um disparate representá-las borboleteando pelo espaço cênico, sentando-se sobre o peitoril, espiando a rua. Está errado. Logo que informaram que uma certa personalidade deve chegar ou que ali estará, elas, é claro, antes de mais nada, devem começar a trocar de roupa. Aqui anotei uma coisa que me ajudou muito. O que escreveu o autor? Ana Andréievna "troca de vestido quatro vezes durante a peça"[17]. Mas nunca a vi se trocar quatro vezes. Isto não se oferece ao público. Isto é, talvez a atriz se troque, mas apenas nos bastidores, e não diante do público para que ele veja realmente que ela se trocou quatro vezes. Mas eu mostrarei que ela se troca não apenas quatro vezes, mas talvez, até mais. Mostrarei até mesmo o armário onde estão pendurados estes vestidos, e mostrarei ainda todos os vestidos ao público para que ele veja quantos vestidos elas têm. Aqui vamos introduzir também uma terceira e nova personagem. A propósito, já em *O Mandato*, na cena do dueto de amor, eu queria mostrar uma terceira personagem: mas lá não deu certo – vou ver se tiro a desforra em *O Inspetor Geral*. Provavelmente vou introduzi-la na cena da declaração de Khlestakóv e Maria Antónovna[18]. Aqui, para ajudar as damas, há também uma terceira personagem que é justamente Avdótia. Me dei conta que Gógol tem me ajudado o tempo todo. Gógol tem uma versão onde Avdótia se encontra em cena e uma outra onde ela foi riscada. Vou pegar a versão onde está Avdótia. Os teatros importunavam muito Gógol. Provavelmente todos lhe davam conselhos e ele se via obrigado a escutar.

De modo que há um grande tremó, uma grande cômoda arredondada, velas sobre ela, duas cadeirinhas como as de *A Floresta*[19].

---

16. *Drojki* é um tipo de carruagem simples, aberta e com quatro rodas.
17. Referência à introdução que Gógol escreveu para a peça ("Personagens e Figurinos. Observações aos Senhores Atores").
18. Esta personagem aparece não apenas nesta cena, mas durante todo o espetáculo. Trata-se do "Capitão" que no texto do Gógol aparece como uma referência na imaginação e na lembrança de Khlestakóv, mas que na encenação de Meyerhold acompanhará o heroí por todas as partes como uma sombra.
19. A peça *A Floresta* (*Liés*) de Ostróvski foi encenada por Meyerhold em 1924, quando o diretor já demonstra a sua disposição em reelaborar as velhas comédias do século XIX em tom moderno. Meyerhold cumpria o *slogan* "Voltar a Ostróvski" que Lunatchárski havia lançado em abril do ano anterior. Nesta montagem, ao lado de um cenário ainda marcadamente construtivista e abstrato, aparecem, no entanto, alguns elementos cenográficos realistas, como espelhos, bancos, portas, mesas com comida. Observa-se que, após o rigor geométrico e o tecnicismo dos espetáculos precedentes,

Episódio 4, "Depois de Penza". Khlestakóv joga cartas com o oficial.

Episódio 4, ''Depois de Penza''. Entrada do prefeito e de Dótchinski.

Mas agora faremos de outra maneira. Aqui Ana Andréievna e Maria Antónovna aparecem em cena pela primeira vez e, segundo Gógol, são obrigadas a esperar. Neste espaço apertado, entre o tremó e a cômoda, é impossível se instalar, talvez seja também necessário trazer uns biombos, pois elas vão se vestir da cabeça aos pés diante do público. Desta forma espalha-se na sala uma certa atmosfera erótica. Que assim seja. Pois o que precisamos é de uma platéia contagiada para que ao surgir Khlestakóv se sinta que nesta comédia não só subornam, comem e bebem, mas também amam, à sua maneira talvez, mas amam. Esta cenografia se repetirá uma vez mais no início do terceiro ato. Novamente se repetirá este fragmento e elas voltarão a trocar de roupa. Desta vez elas se trocam porque talvez tenham de sair correndo para a rua para se mostrar a Khlestakóv, e na segunda vez vão se trocar com um objetivo específico, para recebê-lo. Por conseguinte, mostrar essas figuras é uma coisa que exige muito.

Agora, a eclusa se levantou. Na eclusa há uma portinhola por onde se pode entrar inclinando-se e para esta portinha estende-se uma pequena ponte, fininha, como as que existem nos navios – apenas uma pessoa pode passar, duas já cairiam. Mas a tal portinhola está de tal forma escondida que primeiro aparece apenas uma cartola. Está escondida por uma balaustrada. Existem balaustradas cobertas como estas. Khlestakóv entrou pela porta e o espectador vê uma cartola despontar. Depois Khlestakóv desce, revela-se e mostra-se por inteiro. Embaixo da escada, literalmente debaixo da escada há uma *liejanka*[20], não uma cama, mas uma *liejanka*, como se fazia antigamente, azulejos com florzinhas azuis, e em cima um belo acolchoado oriental, pois nos é dito que Khlestakóv está vestido na moda e naquele tempo estavam muito em voga diferentes tecidos orientais. É por isso que em *O Baile de Máscaras*[21] deixamos entrar muito do Oriente. Óssip subiu neste acolchoado de seda. Aqui se desenrola a cena. Mais nenhum cenário. Um criado da estalagem traz uma mesinha, a carrega etc.

Vou suprimir a cena repetida de Ana Andréievna e Maria Antónovna. O relato de Dóbtchinski será ali mesmo onde está o tremó,

---

inicia-se agora uma fase no processo de criação do encenador, onde as sugestões figurativas e as cores com que reveste a cena passavam a aludir, ainda que sempre conservando uma essência funcional, dados da realidade ou de uma época com um refinado gosto de decoração. *O Inspetor Geral* de 1926 insere-se nessa nova orientação do trabalho de Meyerhold.

20. *Liejanka*: trata-se de uma saliência comprida de alvenaria que serve como leito.

21. *O Baile de Máscaras* de Liérmontov foi encenada por Meyerhold, música de A. K. Glazunov, com estréia no Teatro Alexsandrínski, em 25 de janeiro de 1917.

sendo que o seu jogo consistirá em precipitar-se, mas num momento muito inadequado. Pois elas estão se vestindo, e portanto o colocam de costas; vão beliscá-lo e bater nele para que não as espie. Pelo visto ele tem então mais esse hábito desagradável. Terceira cena do terceiro ato. Aqui o autor indica diretamente que a terceira cena está construída em torno de uma discussão, um verdadeiro debate sobre os trajes convenientes para a ocasião. Toda a terceira cena oferece material suficiente. Aqui há um debate de fato – uma discussão sobre trajes. É preciso atentar muito para isto e tomar lições, não comigo, mas com alguém como Lamánova[22] que orienta as atrizes. É muito difícil para mim, e mesmo inconveniente mostrar isto. É preciso estudar muito e aprender meticulosamente como se faz.

Agora as cenas quinta e sexta. É uma coisa capciosa. Todo o pequeno praticável está ocupado por um espelho de três faces muito alto[23]. O espelho está coberto por hera e por rendas. Só o diabo sabe, que coisa esquisita! Todo mundo tem medo de entrar ali por dentro do espelho e todos ficam atrás dele. Vocês vêem o próprio espelho. E de repente uns focinhos por entre a hera. Uma portinhola, e pela portinhola desponta um nariz qualquer. Na verdade isto se converte no monólogo de Khlestakóv. É o único que está sentado numa cadeira, enquadrado pelo espelho. Há muito dourado. (Como vêem tenho muitos planos, mas é difícil dizer o quanto se efetivarão. Não sei de que meios vou dispor para isso.) Ele está sentado, perto dele está o prefeito e duas damas. Mas também eles se afastarão numa névoa.

Cenas sétima, oitava, nona, décima e décima primeira. Retira-se provisoriamente o espelho e ficam quatro grandes armários de mogno. Com as portas viradas para o público. Tínhamos onze portas, assim, onze mais quatro, são ao todo quinze portas, e Dóbtchinski e Bóbtchinski estão entalados entre dois armários, porque não há mais onde se enfiar e devem escutar às escondidas dali mesmo. Chegam Ana Andréievna e Maria Antónovna e imediatamente entram no armário. Os armários daquele tempo eram construídos de tal forma que se podia entrar, ficar lá de pé e apanhar a roupa, especialmente se a pessoa fosse de estatura pequena, podia entrar e remexer a roupa. As portas estão abertas, elas examinam os vestidos e falam entre si. Quando, ao sair, Bóbtchinski, por engano, passa

---

22. N. P. Lamánova, famosa modista de Moscou, freqüentemente consultada pelos teatros a propósito dos figurinos dos espetáculos.

23. Meyerhold pretendia utilizar nestas cenas um *Treliáj* (em russo: трельяж) um grande espelho de três faces. No entanto, a cena foi montada de outro modo e o grande espelho não foi utilizado em sua cenografia.

pela porta do armário, ao invés da porta de saída, há aqui um jogo interessante. Arrancam-no pelas abas da roupa e o enxotam[24].

Quarto ato. Cenas primeira, segunda, terceira, quarta, quinta, sexta e sétima. Há um sofá ainda maior do que no primeiro ato, e sobre um fundo de quatro colunas, gente por toda parte, gente, rostos – apertados como sardinhas em lata. Há uma reunião, como subornar Khlestakóv? Em seguida, tudo isto se vai, não há mais praticáveis, a cena está completamente livre, apenas as portas e Khlestakóv sozinho. Isto, a primeira vez. E ninguém entra aqui, ele não deixa ninguém entrar, estão todos atrás das portas e Khlestakóv passa de porta em porta e pega o suborno. Como então demorar-se; não há tempo, só dá para recolher o dinheiro. A única falta que estou cometendo perante Gógol é que toda parte do texto em que Khlestakóv diz: "Sentem-se, por favor", – vai ser suprimida. Haverá apenas o tempo de abrir as portas. Nós jogaremos todos os atores para cá. Onde faltarem atores aparecerá simplesmente uma mão com um pacote, e ele pegará direto desta mão[25].

Agora as cenas oitava e nona. A carta. Um pequeno escritório – uma mesa. Ele escreve uma carta. Aqui tudo é muito simples. Depois disso, uma série de pequenos arcos fechados, um arco atrás do outro, uma perspectiva que vai se afastando. Grandes cortinados, e nestes cortinados comprimem-se os mercadores recém-chegados[26]. Estão ali colocados, com freqüência são postos para fora apenas mãos e rostos. Khlestakóv passa por estas arcadas e tudo isso se passa numa confusão de diferentes tecidos orientais.

Cenas décima segunda, décima terceira e décima quarta: A declaração se dá perto de um grande bufê, e aqui, provavelmente, convirá incorporar mais uma personagem.

E agora o último ato. Deixo de lado alguns detalhes do começo, pois muita coisa ainda não está clara para mim, eu mesmo não refleti ainda o suficiente, mas sei bem como vai ser a cena final e falarei sobre ela em linhas gerais. O palco também está vazio. Não vou mostrar nem mesmo os convidados. Vou mostrar ape-

---

24. No espetáculo permaneceu apenas um armário na cena em que Ana Andréievna e Maria Antónovna se trocam. (Episódio 5: "Repleta de um Terníssimo Amor").

25. A cena do suborno de Khlestakóv pelos funcionários obteve no espetáculo de Meyerhold uma das soluções cênicas mais surpreendentes de toda a montagem. As entrevistas particulares, com cada funcionário separadamente que constavam no texto original de Gógol, foram substituídas, como o encenador indica aqui, por quinze portas que se abrem simultaneamente e por onde os funcionários oferecem dinheiro com a mão estendida.

26. No espetáculo não havia arcos e nem cortinados: os mercadores entravam em cena pelas portas do dispositivo cênico.

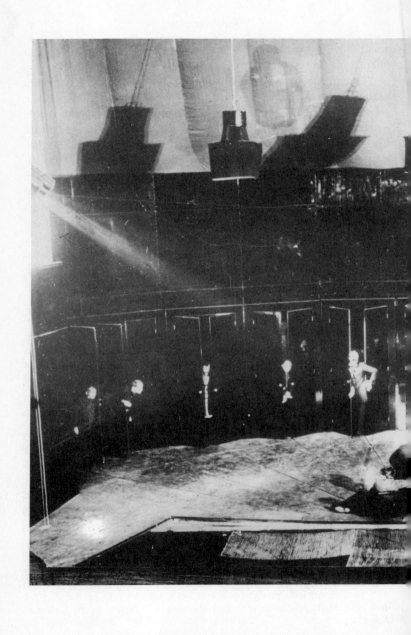

Episódio 9, "Os Subornos". As portas se abrem pela primeira vez.

nas aquelas personagens que falam. Atrás das portas há uma comilança. Ali empaturram-se e bebem, mas para cá virão somente as pessoas com seus guardanapos. O peito coberto pelo guardanapo – vê-se que mastigam. Alguns, talvez, com copinhos. E corre também muita conversa. Depois termina toda essa conversa, e aqui sou obrigado a fazer uma reverência ao prezado Gógol. Todo mundo diz que nós não respeitamos as indicações do autor, mas por que os encenadores anteriores também não o respeitaram? Esta cena muda, sobre a qual ele tanto escrevia – uma literatura inteira reunida, fragmentos de cartas –, que ele refazia e reelaborava. Chegou até mesmo a escrever o seguinte: "Cena muda, congelaram". Até desenhou-os como que congelados, e anotou: "Permanecem assim durante alguns minutos". Como tratar esta cena? Não apenas como mostrá-la, mas como aproximar-se dela, como tratar, que pausa dar? É preciso fazer um pré-jogo – e eu farei o pré-jogo[27]. As pessoas se empanturram, se embriagam; há uma orquestra convidada para um fim específico – começam a dançar uma quadrilha no praticável vazio, com as portas ao fundo. O público está perplexo. O primeiro passo da quadrilha, terceiro passo, quarto passo, galope. Pois assim soltam-se galopando, abriram a cena, todas as portas estão vazias, todas podem-se abrir, correm a toda, o galope voa como um redemoinho, chega ao extremo. Estão meio bêbados, só o diabo sabe o que se passa.

De repente, de todas as portas da platéia saem os policiais. Temos sete portas. Quer dizer, não um policial, mas sete policiais[28]. E aqui está o "Zás!" O público olha para os policiais, enquanto tudo rodopia. Depois um deles sobe ao palco por uma escada alta que será colocada, entrará no praticável de Khlestakóv, depois de lá, na casa do prefeito e então falará. Todos saem de cena em disparada e batem as portas. Um segundo de pausa, as portas se abrem – e em todas elas estão as figuras exatamente como a descrição de Gógol: um com o pescoço torcido, outro com a mão para cima. Tudo no escuro. Estão ali colocadas aquelas figuras e atrás delas vêem-se candelabros com velas. Enfim, o que se quiser, pode-se

27. Meyerhold denomina "pré-jogo" certas seqüências na atuação do ator que precedem e preparam uma dada situação cênica de modo a concentrar o máximo de tensão, com o objetivo de suscitar no espectador a intensificação da expectativa quanto à progressão da ação.
28. Ao invés do policial aparecia no espetáculo um mensageiro com um pacote. As palavras que o policial pronunciava no texto de Gógol ("em missão especial acaba de chegar o tal...") surgiam escritas num enorme telão branco que subia de baixo como uma cortina e fechava todo o palco. Um minuto depois desaparecia por cima, e diante dos espectadores apareciam os grupos de personagens imóveis, isto é, a cena muda final.

soltar fogos de artifícios ou inventar alguma outra coisa. Estas figuras permanecem nas portas sobre pequenos praticáveis, mas depois levaremos com cabos estes praticáveis para o centro, e ali formarão a composição geral da última cena. Quer dizer, no primeiro momento, todos estão à porta, é uma pantomima; depois todos formarão uma massa compacta. O que é isso – seres vivos. Junto das portas estão postados manequins de papel-maché com o tronco estufado. Depois os trazem até o centro. Luz. Então o público pode ficar ali sentado quanto quiser. É uma autêntica cena muda[29]. Até pode-se dizer ao público: "Desejam saber como isto foi feito?" Pode-se deixar que subam ao palco. Ou pode-se fazer o seguinte com a ajuda de licopódio: polvilhá-lo sobre cada manequim, tocar fogo e fazê-los arder. Só que eles não queimarão, apenas se inflamarão. Pode-se inventar *slogans* dizendo que estes canalhas arderam no fogo da revolução. Aqui façam o que quiserem – está tudo às suas ordens.

Durante a leitura assimilaremos o texto gogoliano. É preciso assimilar o ritmo para que flua ligeiro, sem tensão. Respeito extraordinariamente Moskvin – como Zagorétski[30] está esplêndido – mas interpreta mal o prefeito; ele caiu num outro extremo, interpreta uma tragédia. Compreendo aquela leve tragicidade com a qual Gárin recita o monólogo em *O Mandato*. Mas esta seriedade apresenta-se com agilidade, sem tensão. O fato de indicar Starkóvski[31] para o papel do prefeito facilita nossa tarefa porque ele possui uma reação muito ágil, com mudanças rápidas, tudo o que se requer para Gógol.

29. Sobre o final do espetáculo A. V. Lunatchárski escreveu: "Com um só lance de varinha mágica do genial diretor, Meyerhold mostra o terrificante automatismo, o horror estampado na morbidez do mundo representado por Gógol e que estava ao seu redor. Enquanto que o grupo das marionetes aterradoras se imobiliza de uma vez por todas, o pavor desses monstros diante da idéia de uma arrasadora inspeção geral, e o movimento que antes os animava se transformam então numa dança mecanizada inexpressiva, em cujos espasmos se agita da platéia, a guirlanda de toda essa canalha humana. Tendo assim decomposto este mundo em quietude e movimento, Meyerhold com sua voz poderosa de artista clarividente diz: 'Vocês estão mortos e o vosso movimento é cadavérico' " (A. V. Lunatchárski, *Obras Completas* em oito tomos, Moscou, Ed. Khudójestvenaia (Literatura), 1964). Esse texto está publicado em francês numa coletânea que reúne artigos do crítico publicados entre 1908 e 1933 (ano de sua morte), intitulada *Théâtre et Revolution*, Paris, Maspero, 1971 (Prefácio de Emile Copfermann).

30. Trata-se de uma das personagens da peça *A Desgraça de Ter Espírito* (*Gore ot umá*) de A. S. Griboiédov, encenada por Meyerhold em duas versões.

31. P. Starkóvski (1884-1964), ator importante do Teatro da Revolução e do Teatro de Meyerhold.

Ele precisa prestar atenção na segunda parte da observação do Gógol de que o prefeito mostra, em rápidas passagens, ter medo de trapacear[32]. É necessário que tudo seja fácil e rápido.

As demais figuras não são assim tão difíceis. Khlestakóv é difícil, é claro, mas não diria demasiado. É difícil sabe por quê? Porque Tchékhov é um Khlestatóv interessante, muito interessante[33]. É difícil na medida em que o autor se vê obrigado a competir. Mas isto oferece a possibilidade de criar um outro tipo. Parece-me que Khlestakóv não é um janota. Interpretam-no como tal e isto estraga. Acho que não é necessário, pois se uma pessoa desde a infância está acostumada a se vestir bem, nem se nota quando está bem vestida. Isto acontece com os corcundas, pois para esconder a corcunda eles a disfarçam muito bem. Mas isto é uma ilusão. Parece-lhe que só porque o alfaiate acrescentou algodão aqui e ali, ele ficou bem vestido e deixou de ser corcunda. Não percebe que é sobretudo sua estatura que não convém. E neste caso, nota-se a afetação. Vê-se que por natureza ele não é um janota, não apenas no traje. Aqui, o que há de particular é que ele se veste bem, mas sua aparência não é a de um janota. Ele tira com rapidez objetos do bolso, é um impostor, pode facilmente trapacear nas cartas, e – de novo – é mais um jogo de mãos. É preciso prestar atenção em como ele segura o cachimbo. A julgar pelo fato de que se preocupa bastante com o fumo, ele, pelo visto, gosta de fumar e maneja muito bem o cachimbo. Os olhos são muito rápidos, tudo o mais é da encenação: como sentar, como cruzar as pernas, como se deitar, como saltitar quando anda. De maneira geral, não vejo dificuldades.

A exigência mostrou que estas peças, quando reencenadas, são grandes sucessos de bilheteria. Por exemplo, *O Baile de Máscaras*[34] sempre dá boa arrecadação. Creio que se montarmos *O Inspetor Geral*, e no ano que vem *A Desgraça de Ter Espírito*, vamos criar fundos que nos permitirão o luxo de poder fracassar. Nós temos que fazer experiências, pois somos inventores. Tornei-me banal – *A Floresta, O Mandato, O Inspetor Geral* – tudo está num mesmo plano, mas devemos manter a linha acadêmica, enquanto ainda não mudamos para os trilhos do novo repertório.

---

32. Meyerhold se refere àquilo que Gógol escreve sobre o prefeito em suas "Personagens e Figurinos. Observações aos Senhores Atores": "A passagem do medo à alegria, da baixeza à arrogância é bastante rápida, como ocorre numa pessoa com inclinações de espírito desenvolvidos de forma grosseira".

33. O ator M. A. Tchékhov interpretava o papel de Khlestakóv no espetáculo do Teatro de Arte de Moscou em 1921.

34. *O Baile de Máscaras* de M. Liérmontov, encenada por Meyerhold em 1917.

CONVERSA COM OS ATORES*

(17 de novembro de 1925)

No homem, o interior e o exterior estão sempre ligados. A caracterização é determinada em cena pela expressão exterior. Tendo em vista esse exterior é necessário levar em consideração que a ação se passa numa provinciazinha longínqua e as pessoas usam "sobrecasacas, fraques e Deus sabe o que mais"[35]. O mais difícil é não incorrer no erro usual em que incorreram todos os teatros até agora. Com relação ao figurino já se estabeleceu um determinado clichê. Fraques para os cavalheiros e moda dos anos quarenta para as senhoras, predominam as figuras da capital, acrescidas de "florzinhas" e toda sorte de lacinhos azuis, bem claros e afetados; em geral, nos figurinos freqüentemente ouve-se o diálogo de duas damas de *Almas Mortas*. Do meu ponto de vista, isto será errado. É preciso dar uma aparência de ensebado, de poeira provinciana, de opacidade e inexpressividade como num aquário turvo onde nadam peixes desbotados[36]. Existem os dourados, elegantes, alegres, mas existem às vezes aqueles que dão vontade de cuspir – pequenos bagres, tritões – uma sujeira que nunca se limpa. Pedi a Dmítriev[37] para encontrar numa gama monocromática entre verde e marrom, diversas combinações de tons, talvez algum de vocês mesmos encontrem o mais apropriado. Temos Ana Andréievna e Maria Antónovna o tempo todo mudando de roupa, e as damas, é claro, escaparão desse fundo geral,

---

* Segundo a edição soviética, este texto resulta das anotações pessoais e da elaboração de M. M. Kóreniev, cuja cópia encontra-se no Arquivo Central de Literatura e Arte do Estado da URSS.
   O objetivo da conversa era apontar características das personagens, estimular a imaginação dos atores e fazê-los manifestarem-se a respeito de suas próprias criações. O texto se baseia, fundamentalmente, nas questões e reflexões de Meyerhold e suas respostas às perguntas e réplicas dos atores. Daí a relativa fragmentação do texto. As réplicas dos atores são reproduzidas apenas parcialmente. Certas réplicas de Meyerhold sem relação direta com as características das personagens foram omitidas pela edição soviética, sem indicar as omissões com reticências ou qualquer outra indicação de quebra de discurso.
   35. O encenador cita as palavras da rubrica de Gógol à quinta cena do Ato V da edição de 1886 de *O Inspetor Geral*.
   36. A concepção de Meyerhold, no entanto, se modificará. O espetáculo resultará, ao final, extremamente luxuoso, dando a impressão de uma grande capital.
   37. A formalização cênica foi projetada por Meyerhold. V. Dmítriev começou a trabalhar no projeto do encenador: esboçou os croquis dos dispositivos cênicos e dos figurinos, mas não terminou o trabalho. A tarefa foi então atribuída a I. Chlepiánov, mas este também não concluiu o projeto. A. Golovin e M. Zándin foram propostos como figurinistas, mas também não realizaram a proposta. Finalmente, V. Kisselióv foi o realizador responsável pelo espetáculo (figurinos, maquilagem, objetos cênicos e iluminação). O trabalho de escultura da cena muda final ficou a cargo de V. N. Petrov.

Episódio 15, Cena muda. Manequins substituem os atores. Ao centro, o chefe dos Correios segura a carta, de ambos os lados a família do prefeito.

mas não se tratará de modelos e nem tecidos da capital. Esses tecidos que estavam na moda naquele tempo – alguns persas, orientais etc. – agora já não se conseguem mais.

Este aspecto fundamental também se refere aos penteados. Sabemos, é verdade, que havia então diferentes topetes, riscas, madeixas puxadas nas fontes etc. Isto era típico e nós o encontramos nos quadros de Venetsiánov, Fedótov, Kiprenski[38], por exemplo, o penteado à *la russe*. Pedi ao camarada Isetneróvitch[39] para fazer os esboços dos penteados assinalados por mim no álbum bem conhecido de vocês[40]; ou talvez fosse melhor pedir a Temerin[41] para fotografá-los e ampliar. Quanto mais simples, tanto mais nos darão crédito. Rabinóvitch mostrou seus croquis, se bem que para outra comédia de Gógol. Disto nós não temos necessidade em absoluto. Todos estes narizes grotescos, estes topetes estilizados, tudo isto são elementos de uma espécie de *commedia dell'arte*, uma espécie de exotismo. Cada época teve seu exotismo, mas não nos propomos investigá-lo. Para nós importam os modelos como tais. Esforcem-se, nos limites de sua própria natureza, em encontrar alguma estranheza – nas tomadas, no andar, na maneira de segurar o cachimbo e representar com as mãos. Ontem estive examinando a mim mesmo quando planejava no Terceiro Estúdio a *Cena na Taberna*[42]. Tendo em mente *O Inspetor Geral*, esforcei-me em agrupar nos limites de um metro e meio uma cena com oito, nove pessoas e, pode-se dizer, consegui resultados brilhantes, sendo que surgiram algumas tomadas difíceis de serem pensadas num grande espaço cênico.

A caracterização pode ser feita como a que fizemos em *O Mandato*, pode-se abordar um papel em todos os aspectos.

Veja seu chefe dos Correios, Múkhin. A roupa de baixo é um tanto suja, não toma banho, tem uma sobrecasaca ordinária; pode ser que não se dispa nunca. Pode-se colar um nariz, mas é preciso tomar muito cuidado. Um dia destes Raikh fez para Varka em *O Mandato* um nariz mais pontudo do que de costume; isto não incomodou o espectador, mas surgiu de imediato uma certa malícia que

---

38. Pintores da época de Gógol: A. Venetsiánov (1780-1847), P. Fedótov (1815-1852), O. Kiprenski (1782-1836).
39. P. V. Tsetnieróvitch (1894-1963) foi um dos diretores assistentes do espetáculo.
40. Referência ao álbum *A Época de Gógol. Desenhos Originais do Conde I. P. de Balmen (1838-1839)*, Moscou, Ed. Ficher, 1909.
41. A. A. Temérin era ator do Teatro de Meyerhold e fotografou quase todos os espetáculos do teatro a partir de 1925.
42. O Terceiro Estúdio do Teatro de Arte de Moscou nessa época já tinha se transformado em Estúdio E. Vakhtangov e preparava o espetáculo *Borís Godunóv* de A. S. Púchkin, sob a direção de Meyerhold, mas a montagem não foi concluída.

Varka não tem. Um nariz afilado é para Ulita[43]. E olha que é um pouquinho, coisa de um centímetro... [risos]. – Bem, sei lá exatamente quanto, modificaram talvez meio centímetro e resultou um outro caráter. Precisamos chegar a um acordo sobre quem é ele. Melancólico ou fleumático, arrasta os pés ou vive tropeçando. Pode-se pegar um figurino do final dos anos vinte, pode ser um pouco mais novo; as tonalidades das roupas: verde, verde-escuro, marrom, marrom-claro ou intermediárias.

Ele é esperto? Bebe ou não bebe? (Depois da réplica de M. G. Múkhin.) Claro que é um beberrão. Foi um erro não perceber isto. Creio que o chefe dos Correios está sempre um pouquinho bêbado e um pouquinho amassado. Põe as calças no prego, vende ninharias aos tártaros. Não sei por que o fazem como um janota. Isto não é característico da província. É enfadonho.

Ele é um bêbado e um erótico, conhece os segredos do erotismo, e talvez tenha fotos no bolso. Talvez leve até ilustrações; e não uma bonita gravata. Talvez traga consigo essas ilustrações e as mostre de vez em quando. É um cínico e por isso é tão atraente aos olhos de Maria Antónovna. Um pouquinho alto, meio bêbado.

Veste-se com desleixo. Eu lhe colocaria uns óculos, uns óculos escuros, assim seria um tanto enigmático.

"O juiz fala como um baixo que chia como um relógio antigo"[44] – um colorido interessante no espetáculo. A expectoração nele se acumula (talvez porque fume continuamente o cachimbo), o que o impede de falar. Ele deve cuspir constantemente. Podemos dar-lhe uma cuspideira, ou um lenço, ou um pote – há potinhos para tal. Na aparência é saudável e forte, mas por dentro apodrece. É simples, é só exercitar um pouco.

Óssip é jovem ou velho? Simplesmente jovem. Representá-lo como um velho é aborrecido – (para N. I. Bogoliúbov)[45]. As possibilidades são suas. Preciso dar a você (a Gárin) uma personagem adequada à sua idade. Uma grande experiência. Ele raciocina com sabedoria, raciocina como velho, mas é jovem. Pois eu não esperava que Gárin tivesse 23 anos; por sua psique achava que ele teria uns 45 anos, ele é um tipo de ministro. Também Óssip é assim, muito sábio. O penteado à *la russe* para que haja nele os vestígios do ambiente campesino.

Degradou-se. É desonesto por força da necessidade – endividaram-se com todo mundo e tudo está no penhor. Está o tempo todo

---

43. Ulita é uma personagem da peça *A Floresta*.
44. Trata-se de uma indicação de Gógol nas suas "Observações aos Senhores Atores".
45. O ator N. Bogoliúbov, no início dos ensaios, interpretava o papel de Óssip, mas acabou não fazendo o papel.

enrrascado com Khlestakóv. Acho que lá no fundo, bem no fundo, é ladrão. Ele é um eterno esfomeado, e quando não lhe dão de comer, tem que roubar. Se não damos de comer a um gato, é infalível que comece a roubar e mexa em tudo. Até Khlestakóv chegar fica comendo e depois apaga todos os vestígios. Tem uma trouxinha, um pequeno saco, onde esconde de Khlestakóv o pão e tudo o mais. Quando fala, mastiga. Seu "quero comer" não admite contradição. Comeria um carneiro, um bom pedaço de carne, mas rói um osso. Sonha com o carneiro, não pode viver só de sanduíches. Quando está comendo, pode pronunciar mais depressa o monólogo. Porque senão parece sempre um sentenciador fazendo exposição – é um tédio. Ora dá uma sentadinha, ora se encolhe, às vezes dá uma tragada, fuma o tabaco que roubou de Khlestakóv – tudo deve estar visível.

(*S. A. Martinson*[46]: é muito difícil falar de Khlestakóv. Como se veste? Qual sua profissão, como é sua cabeça, caráter, educação? É um homem bem-educado ou não?)

É funcionário de profissão. Do ponto de vista prático é uma tremenda porcaria. Tem um fraque ruim de Petersburgo. Para se destacar naquele ambiente precisa de bem pouco. Muito ruim. Melhor uma sobrecasaca apertada na cintura.

(*S. A. Martinson*: Você disse antes: "Maneira fátua de falar".)

Isto não foi para você, mas para Gárin. Para que seja mais fácil para ele se distanciar de Guliachkin. Pois Pavlucha Guliachkin tem todos os traços de Khlestakóv. (*S. A. Martinson*: Será que ele sabe francês e como pronuncia as palavras francesas? Corretamente ou deformando?)

Ele sabe algumas palavras de francês, as que sabe pronunciar. É melhor que tropece. Fala francês no terceiro ato e aqui é melhor para ele tropeçar.

(*S. A. Martinson*: Como ele fala, rápido ou não?)

Não dá para propor a você para falar mais rápido. Como você imagina a cabeça?

(*S. A. Martinson*: É o mais difícil. Pelo visto, unta-se com pomada.)

Claro que não... ele é calvo[47]. Como uma bola de bilhar. Desde a infância tornou-se calvo. É preciso aniquilá-lo, sublinhar sua nulidade. Pois sempre fazem Khlestakóv como um pequeno cupido. A propósito, todas as mulheres gostam dos calvos. Os calvos desfrutam de um imenso sucesso junto às mulheres. Por exemplo, Ga-

---

46. O papel de Khlestakóv foi interpretado nos ensaios tanto por E. Gárin, como por S. Martinson que fará o papel apenas a partir de 1929.

47. No espetáculo, Khlestakóv não era calvo.

briele d'Annunzio. Sonho com um Khlestakóv como um Gabriele d'Annunzio dos anos trinta. Um homem jovem, mas calvo. Bebutov é calvo. Lembro-me dele há muitos anos e sempre calvo. Depois soube-se que ele nasceu assim. Khlestakóv é calvo, mas uma calvície *comme il faut*. Era assim Boborikin. Uma superfície bonita, bem polida onde as luzes se refletem. Pode-se fazer uma boa peruca de maneira que ela brilhe. Lembro-me de algum lugar onde Andréi Pávlovitch Petróvski... (*voz*: Vsevolod Emílievitch, é dele mesmo!) Tanto faz, é uma boa careca, brilhante. Podem sobrar fiapos de cabelo nas fontes, bem ondulados. Talvez ele mesmo frise com o frisador.

Vou introduzir uma cena onde você está deitado numa cama de casal, sobre um colchão de penas embaixo de um acolchoado, de tal forma que só a cabecinha desponta numa pilha de travesseiros. Ao seu lado, sob uma manta num canapé, dorme um oficial[48], você desperta, o chama, e ele, sonado, muge: "Hummm". Talvez até introduziremos na cena do suborno um oficial bêbado. Um só é enfadonho, mas dois, é divertido. Vai bem.

(*S. A. Martinson*: Até que ponto Khlestakóv é descarado?)

Até onde pode. Não tem nenhuma educação. Ele é indecente. Vou introduzir o oficial, pois sozinho você não vai conseguir fazer. Nesta cena "erótica" quando ambos bebem e ele persuade Khlestakóv, aqui vamos aprontar uma, só o diabo é que sabe. É um quadro obsceno do século XVIII que normalmente não se pode mostrar[49]. Aqui vamos desacreditar o meio. É preciso mostrar esta baixeza na cena da declaração. Mal ele desperta da bebedeira, tornam a beber.

(*S. A. Martinson*: Você disse que Khlestakóv é descarado com todos.)

Ele tem uma linha. O resto são situações diferentes. Quando o prefeito vai vê-lo, ele está desarrumado. A situação vai salvar você, mas no fundo, é uma só linha. Anda e nada mais. É um papel fácil.

(*M. I. Babánova*: Seria necessário privar Maria Antónovna deste sentimentalismo ingênuo com o qual freqüentemente são apresentadas as moças dos anos trinta, ou deve-se conservá-lo, acrescentando alguma coisa?)

---

48. Trata-se da personagem criada por Meyerhold que acompanhará o tempo todo Khlestakóv, como uma espécie de duplo misterioso do herói.

49. O resultado final dessas cenas não se realizou exatamente como o planejado, mas conservou em todo o espetáculo sua intencionalidade. A. V. Lunatchárski fará referência aos quadros do pintor flamengo Jordaens (1593-1678), a propósito de várias cenas do espetáculo concebidas dentro de uma atmosfera de sensualidade bestial e fisiológica. Cf. "*O Inspetor Geral* de Gógol-Meyerhold", artigo publicado na Revista *Nóvi Mir* (*Mundo Novo*), n. 2, 1927 e que integra a edição francesa, A. V. Lunatchárski, *Théâtre et Revolution*, Paris, Maspero, 1971, *op. cit.*, pp. 67-68.

Na minha opinião ela é terrivelmente depravada. Só não sei se o texto permitirá. É da mesma laia que sua mãe. A mãe? Creio que tanto Óssip quanto Khlestakóv e o oficial – todos aqui se aproveitarão.

Nestas coisas não vão se enganar. A mãe é terrivelmente depravada e põe os cornos no prefeito até não poder mais. A filha aprende tudo. Aí está o nó da questão. Num lugar perdido como este, vivem de quê? Comem, bebem, fazem amor, põem cornos uns nos outros, Gógol destinou às damas pequenos papéis. Basicamente trocam de roupa e seduzem. São concorrentes entre si. Isto é preciso mostrar.

(*M. I. Babánova*: Queria muito fazer isso, mas tinha medo.)

No figurino, nas mudanças de roupa, em tudo devem ser muito indecentes, de uma indecência sem limites. É assim esta sociedade. Todos se enredavam. Quando Dóbtchinski espia, as damas o colocam de costas. Ele não corresponde ao gosto delas, do contrário, não teriam nada contra.

Quanto ao *skorogovorki*[50] de Bóbtchinski e Dóbtchinski. Confiaremos o ritmo ao prefeito. Do ponto de vista do gesto? Construiremos os gestos a partir do sistema de Estriugo[51]. Antes de falar gesticulam tão intensamente que se poderia cortar-lhes as mãos, mas conseguem dar um sabor gostoso ao texto. Um ritmo rápido não é obrigatoriamente um *skorogovorki*. Pode-se construir o texto de tal forma, dividi-lo com pausas, gestos, que mesmo diante de uma pronúncia suave, e até lenta, haverá no espectador uma atenção intensa, não será aborrecido e o texto parecerá fluir rapidamente. Esta é uma lei cênica geral.

(*P. I. Starkóvski*: Tenho uma dúvida. O prefeito é um homem de aparência suja. Idade indeterminada. Uma enorme energia. Já que tem essa energia, os cabelos são escuros. Muita negligência nos trajes, mas pode ser que não. Talvez esteja melhor vestido do que todos os outros, deixa-se subornar em excesso.)

Ele está assim tão maltratado porque gasta todo o dinheiro com a mulher. Assim penso eu. Quanto à peruca preta sei, por experiência, que esta peruca é desfavorável a um grande papel. Não vai

---

50. *Skorogovorki*, de difícil tradução para o português, corresponde em russo a uma palavra, locução ou seqüência de palavras cuja pronúncia é dificultada pelos sons repetitivos e a rapidez da enunciação. Meyerhold refere-se ao discurso desordenado e incompreensível de Bóbtchinski e Dóbtchinski.

51. Estriugo é uma das personagens de *O Cornudo Magnífico*, texto de Crommelynck, encenado por Meyerhold em 1922, onde o construtivismo cênico incorporava o trabalho do ator e o novo sistema teatral criado pelo encenador, a "biomecânica". A personagem se expressava nesta encenação, mais por gestos do que por palavras. Todo o jogo interpretativo era uma espécie de pantomima.

Khlestakóv, interpretado por E. Gárin.

Khlestakóv, interpretado por E. Gárin.

funcionar. Se é porque cansa, não sei. Os *clowns* fazem bem. Estão sempre com a cabeça nua. Está certo. Não se sabe por que os calvos gozam de extraordinário sucesso junto às mulheres. Também no palco gostam muito dos calvos – rende mais. O encontro de dois calvos – Khlestakóv e o prefeito – agrava a situação[52]. É interessante. Cabelos fartos aborrecem. A mímica é bem melhor quando se é calvo. Todos fracassavam na interpretação do prefeito. Moskvin também fracassou no prefeito. É horrível. O grisalho também não funciona. Sobretudo à distância. Aqui nossos funcionários terão penteados à *la russe*, desgrenhados, que os farão parecidos uns com os outros, formarão um amontoado, onde o prefeito e Khlestakóv se sobressairão.

(*P. I. Starkóvski*: Em casa ele pode andar de *robe*.)

Mais uma vez falo por experiência. O *robe* é uma coisa horrivelmente anticênica. O *robe* acabou com Tchékhov como Ableúkhov[53]. Sem ele teria interpretado melhor. O *robe* obriga a interpretar um Pliuchkin[54]. No Teatro de Arte de Moscou na primeira encenação de *O Inspetor Geral*, Urálov[55] estava de camisa e calça com suspensórios. Correto. Muito bem acertado. Bebe *kvas*[56]. Depois veste o uniforme. Seria melhor se fosse uma sobrecasaca.

Luká Lukitch está de óculos. É mais limpo que os outros? É pouco provável, recebe um ordenado baixo, insuficiente.

Pochliópkina e a mulher do suboficial. Que dizer delas? Uma é do campo, a outra da cidade, da pequena-burguesia, coquete, afetada.

Avdótia é toda redonda. Ainda não pensei no seu caráter, em suas ações. Para mim, isto está ainda obscuro. Não vejo ainda esta cena. Em todo caso, não é para fazer uma Ulita. É alegre. Atinge certo plano erótico.

Rastakóvski. Tom animado. Não precisa ser da época de Catarina. É aborrecido, não gosto. Deve ser um pouco artificial para causar a impressão de monstro. Talvez lhe coloquemos um capote e um capacete para que seja ainda mais artificial. Um uniforme

---

52. Assim como Khlestakóv, também o prefeito não aparecia calvo no espetáculo. Tinha o cabelo curto com grandes entradas.

53. O senador Ableúkhov é a personagem principal do romance de Andréi Biéli, *Petersburgo*, cuja encenação no Teatro de Arte de Moscou-Número Dois, estreou em 14 de novembro de 1925. Mikhaíl Tchékhov, sobrinho do dramaturgo, interpretava Ableúkhov.

54. Pliuchkin é uma das personagens de *Almas Mortas* de Gógol.

55. I. Urálov (1872-1920) 1representou o prefeito na primeira versão cênica de *O Inspetor Geral* no Teatro de Arte de Moscou, em dezembro de 1908.

56. *Kvas* é uma bebida fermentada a base de pão de centeio e muito popular na Rússia.

coberto de condecorações e fitas falsas. Daí a possibilidade de estarmos mais próximos de Gógol. Há em Gógol uma propensão constante de apresentar um museu de antiguidades. Talvez seja um hussardo. Vou pensar, não sei ainda.

A mulher de Luká Lukitch, na minha opinião, é uma imbecil exaltada. Adular é muito maçante. Numa imbecil exaltada há mais dinamismo.

De um modo geral, quando todos eles chegam, gostam de se empanturrar. Parecem mais uns porcos.

Khristián Ivánovitch. Para Temérin vai ser muito fácil. O tom é excelente. Os óculos são necessários. Lhe daremos uns óculos de cores diferentes para variar.

Quanto aos policiais. Fazem-nos habitualmente como guardas municipais. Para nós, de acordo com Gógol, são oficiais. Cortejam, amam e bebem. Valentes, bonitos, bigodudos, executam as funções dos oficiais que faltam na cidade. Andam com freqüência pelos bilhares. O comissário do distrito é um bêbado. Soluça o tempo todo.

Derjimorda. Nas cenas com os solicitantes, briga para valer para que haja bofetões.

Os comerciantes não entram nenhuma vez em cena. Estão na platéia de costas para o público[57].

Não há idades nesta peça. Não se consegue saber idade de ninguém.

OBSERVAÇÕES NOS ENSAIOS DO PRIMEIRO ATO*

(13 de Fevereiro e 4 de Março de 1926)

13 de Janeiro

(Ao intérprete do papel do prefeito – P. I. Starkóvski.)

Representar toda a entrada em cena antes do texto. Uma vez que combinamos de conduzir o papel em certo ritmo, cabe a mim, como técnico, fazer o possível para facilitar o trabalho do ator, refletir sobre o modo de criar um espaço cênico tal que seja fácil para ele. É preciso livrar o ator de todas as coisas que lhe causem peso.

Você deve eliminar a dicção senil. Que o prefeito tenha 50 anos por sua maquiagem, mas que seja jovem pela dicção. Parece-me que neste ambiente, em meio a essa galeria de idiotas – pois o curador é um idiota, Luká Lukitch, o juiz, também é um idiota, o

---

57. No espetáculo os comerciantes estavam em cena, enquanto os oficiais formavam um coro e ao mesmo tempo uma espécie de escultura humana.

* Este texto resulta das anotações de M. M. Kóreniev, que fez a revisão para a edição soviética.

chefe dos Correios é um idiota (e Múkhin faz bem este idiota) – então, no meio dessa gente absolutamente degradada, que não se sabe bem que tipo de gente é, o prefeito, mesmo assim, se destaca. Ele é mais astuto e mais inteligente, e um homem que tem certo brilho. É possível que o prefeito tenha servido antes em alguma outra cidade. Não na capital, é claro, mas se aqui é um distrito, talvez então numa província. Ele subiu na vida em alguma outra parte. Todas as suas diretrizes mostram que é muito superior aos demais. No prefeito há vestígios de um verniz exterior, difícil seria dizer de instrução. É que fala dos professores, sabe alguma coisa de história, em suas ordens (projetou lá algum monumento), em tudo isto há uma quase cultura! Bem, evidentemente, que cultura essa? Quando fala domina a língua, sabe construir as frases muito melhor, por exemplo, do que Bóbtchinski e Dóbtchinski. Nestes, os miolos não funcionam bem, mas ele tem alguma habilidade administrativa, se orienta, uma vez que se expressa bem. É um orador *sui generis*, pode fazer um monólogo. É indispensável rejuvenescer o prefeito. Não é vantagem possuir uma dicção singular: é difícil. É melhor esquecer. Deve haver uma dicção ágil.

Por que tem acontecido de todos até agora terem representado o prefeito como um velho? Porque eram velhos atores, com grande experiência, que com freqüência representavam o prefeito. Makchéiev, por exemplo, e Vladímir Nikoláievtch Davídov[58] o representavam em idade avançada, e quando atores jovens se encarregavam do papel, interpretavam, suponhamos, uma imitação de Davídov – e todos puseram-se a imitá-los. Não sei como Vladímir Nikoláievith interpretava o prefeito quando era jovem, ainda no Teatro Korch em Moscou, mas é possível que a tradição tenha influído e mesmo naquele tempo ele interpretava um velho. Assim acumulavam-se todos estes procedimentos e entonações que se consolidaram graças ao fato de que se interpretava tendo como exemplo velhos de grande renome.

Já que você (Starkóvski) é jovem – 20 ou 15 anos menos do que eu – esqueça a dicção senil. Lembro-me de você no papel de Kerienski[59] – tinha uma dicção brilhante. Vai fundo com uma dicção bem boa, livre e nítida. Por enquanto não se expresse com gemidos,

---

58. V. Makchéiev (1843-1901) e V. Davídov (1849-1925) eram atores dos teatros imperiais de São Petersburgo (o primeiro, ator do Teatro Máli e o segundo, do Teatro Aleksandrínski), exemplo de atores "declamatórios" contra os quais Stanislávski se insurgiria.

59. Na peça de P. Sukhotin e N. Chtchekotov, *A Volta de Don Juan*, encenada pelo Teatro da Revolução em abril de 1923, quando Meyerhold o dirigia e P. Starkóvski interpretava o papel de Don Juan, no qual, segundo se dizia, podia-se facilmente perceber a figura de Kerenski.

isto virá depois quando nos orientarmos um pouco mais. Já nos ensaios lhe daremos uma poltrona: senta, pensa, se acomoda – e começa.

Antes de vestir o uniforme, o prefeito está o tempo todo de *robe*. Talvez dormisse depois do almoço, quando, ainda na cama, recebeu a carta e deu ordens para convocar todos os administradores, mas ele próprio sentiu-se mal[60].

Dêem ao prefeito a poltrona de *A Floresta*. Está sentado passando mal. E dêem-lhe ainda um copo de água fervida.

(*P. I. Starkóvski*: Talvez leia a carta de óculos?)

Não, não é preciso sobrecarregar. Lê a carta sem óculos. Vão lhe segurar uma vela.

(*Pergunta*: Quer dizer que a ação se passa ao anoitecer?)

Sim, ao anoitecer. Queremos fazê-la ao anoitecer.

(*N. K. Mológuin*: Quer dizer que será à tarde. Bóbtchinski e Dóbtchinski correram o dia inteiro pela cidade.)

(Para *Guíbner – A. A. Temérin*.) Veja qual é a tarefa do médico. Você importuna o prefeito – de quando em quando lhe dá de beber com uma colherinha de chá. Impede-o de falar. Ele deve tomar o remédio. Às vezes toma, às vezes repele ou bebe um pouquinho; pega ele mesmo o copo nas mãos e dá uns goles; é uma mistura que se pode beber em copos. Você deve pegar um texto em alemão para dizer, para que o texto do prefeito se confunda com o seu. Isto ajudará um pouco Starkóvski a superar as dificuldades. E você vai dar o ritmo. Será o primeiro impedimento e você o ajudará a acelerar o discurso. Na medida em que há um obstáculo surge o desejo e a necessidade de eliminá-lo. Você pode até falar alto que o público ouve. Você diz algo constantemente. Um *perpetuum mobile*. Você fala alemão? Pois você é de origem alemã!

Será que alguém tem um lenço ou um xale? (envolvem a cabeça do prefeito). Assim.

Você, Guíbner, vai andar perto do prefeito, auscultar o seu peito; aplicar-lhe sinapismos nos calcanhares – para descer o sangue da cabeça. Você pode ler agora algum texto em alemão? Repita algumas frases.

Estão todos sentados. O prefeito entra. Mas iniciaremos em estado de calma, enquanto se acomoda na poltrona. Ele geme. Você, Guíbner, prepare a mistura e todas as outras coisas. Quando o prefeito disser algumas frases, comece a dar-lhe de beber.

Quando todos dizem: "Como um Inspetor Geral?" – não digam todos do mesmo modo. Alguns – "INS-PE-TOR". Há uma varie-

---

60. Ao receber a carta sobre a chegada do Inspetor, o prefeito sente-se mal e entra acompanhado de seu médico, Guíbner, com a mão no coração.

dade de acentos lógicos, e também – uns dizem rápido, outros prolongam.

"Que coisa!" – etc. – é muito rápido. A reação é muito rápida, e não o dirão de acordo com seus caracteres. O público de toda forma não vai distinguir quem fala. Estão apinhados no sofá, são quase dez pessoas. É preciso dissipar o característico. O público não captará quem é Ammós Fiédorovitch, quem é Artemi Filíppovitch, quem é Luká Lukitch – todos falam juntos. É preciso disparar.

Avdótia também toma parte aqui: está ajoelhada diante do prefeito e coça-lhe os calcanhares. Michka segura a vela e a carta. Pode ser que o prefeito o tenha encarregado de trazer a carta e a vela.

(A intérprete do papel de Avdótia – *N. A. Ermoláieva.*) Você vai se cansar de ficar de joelhos, ponha uma almofada embaixo.

(Ao prefeito) O gemido. O gemido ajuda a elevar o tom, e imediatamente a partir do gemido, as palavras: "Vejam só que circunstância".

O prefeito está na poltrona. Michka, Avdótia e Guíbner a seu lado. Está lá como um generalíssimo. Como um tzar nesta cidade.

(A Liápkin – Tiápkin) "Creio, Anton Antonitch que aqui é sutil..." – é preciso mais entonações "ao pé do ouvido". Não sei como isto pode ser em cena. Mais confidencial, uma espécie de delação. Não com uma reflexão, mas como denúncia. Assim se pode acelerar o ritmo.

(A Guíbner) Toda vez a agitação do prefeito produz efeito no médico. Ele o acalma: *Seien Sie ruhig*[61] e de certa forma lança-se contra os que conversam – a agitação é prejudicial ao doente. Não sei bem o quê, mas você diz algo para eles e para ele. Isto irrita o prefeito, e esta irritação contra o médico possibilita acelerar o ritmo. Mas o médico tenta persuadir de certa maneira cada um e continua a cuidar dele. Aqui o tratamento é uma coisa muito complicada, e então é preciso chamar um instrutor. *Warum Sprechen Sie so?*[62] – ou qualquer coisa do gênero. O papel de Guíbner é um grande papel, maior do que o do prefeito.

(Ao prefeito) "Sobretudo você, Artemi Filíppovitch" e etc. – dispara de repente, de um só fôlego.

Guíbner, logo que escutar seu nome, comece imediatamente a dizer: *Das habe ich schon gesagt*[63].

As observações e as réplicas do prefeito ao juiz serão com grande irritação, e assim o ritmo se adequará. "No entanto, apenas men-

---

61. "Acalme-se", em alemão no texto.
62. "Por que está falando assim?", em alemão.
63. "Isso, eu já disse", em alemão.

cionei isso... Que Deus o proteja" – um corte. Retarda o ritmo. Embora saboroso, é pura literatura.

Faremos da seguinte forma. Vamos sentar você, prefeito, meio voltado para eles para que, sempre que se livrar de Guíbner, possa se virar para alguém. "Bem, e a você, Luká Lukitch... sobretudo com relação aos professores". Levanta-se, fica de joelhos na poltrona. Ergue-se e manda direto, com toda expressão. A nuança virá então por si mesma. Proponho tudo isto para produzir auges rítmicos.

"Um deles..." etc. – com voz não muito alta, mas rápido, para que seja mais leve, mais transparente.

Luká Lukitch responde no ritmo.

O prefeito fala, mas Luká Lukitch não se cala, ele fala também – "mas o que é que eu faço", ou algo assim.

"Sim, ambos deram com os burros n'água!" – diz o prefeito irritado. O que irrita é que eles perderam a cabeça. Ao invés de se manterem dentro deste acontecimento – a chegada do inspetor – riem. Desorganizam-se, por assim dizer.

O prefeito não apenas chama o chefe dos Correios, mas também se ergue apoiando-se nele e no médico. Fala em tom confidencial, mas rápido e alto para ser ouvido. Compreendem, é confidencial, mas terrivelmente acelerado.

(Ao prefeito) Você segura e estrangula o chefe dos Correios, de modo a tornar-se fácil para ele escapulir, enquanto Guíbner resmunga o tempo todo em alemão: *Dieser Postmeister ... Gott!*[64]

(Ao chefe dos Correios) Como se dissesse: "Pois – espera um momento, espera". Remexe. Tem cartas em todos os bolsos. É um armário ambulante.

Para que vocês atrasam o ritmo? – corram, corram.

Nos ensaios dêem ao chefe dos Correios um montão de cartas para que ele as tire, remexa, escolha, encontre.

No momento "Zás!" é melhor que o prefeito esteja de pé; sai apoiando-se no médico, mas depois já entrará sem as compressas na cena de Bóbtchinski e Dóbtchinski.

O médico nos ajudará muito e nos dará a possibilidade de manter o ritmo.

É perfeitamente claro que assim é melhor.

4 de Março[65]

Há progressos. Ótimo. Foi conseguida a agudeza no prefeito; há sob o texto uma mordacidade especial, apareceu a marcação das cursivas, a ênfase de palavras isoladas, começaram a fazê-las so-

---

64. "Este chefe dos Correios ... Deus!", em alemão no texto.
65. Meyerhold manteve esta conversa depois que Starkóvski lhe mostrou as três primeiras cenas da peça que haviam sido ensaiadas pelo diretor M. Kóreniev.

Episódio 14, "Uma festa, pois é, uma festa". O triunfo do prefeito. O praticável repleto de gente, os presentes de casamento circulam.

Episódio 7, "Em torno de uma garrafa de Tolstobriuchka".

bressair. Na minha opinião, deve-se considerar isto uma grande conquista. Com isso vocês passaram para aquele plano em que será fácil trabalhar para um aperfeiçoamento ulterior. Durante esse aperfeiçoamento há que se obter mais agilidade, por ora ainda está um pouco pesado, mas a primeira metade está particularmente trabalhada no sentido de agudeza, mordacidade, e uma marcação precisa. Surgiu até mesmo o "não velho", não há essa ruminação senil que sempre estragava tanto; agora há uma voz jovem, e até se ouve às vezes uma precisão e uma agilidade um pouquinho polacas no texto, que estão muito bem, pois não é sem razão que ele é Dmukhanóvski, e neste sobrenome há qualquer coisa de polaco.

Agora o gemido soa um tanto estilizado. É claro que isto não vai ficar assim, pois você vai contornar isto, já que ele não será idêntico em toda parte. Depois, provavelmente, vai ser assim – após os gemidos haverá diferentes alternâncias do texto, ou então surge às vezes um certo esgotamento. Os gemidos determinarão a música das palavras, mais exatamente, o timbre do texto. E o jogo estará na alternância destes momentos. Ele vai apalpar algum lugar do peito, do coração, está com palpitação. É preciso dar a entender ao público que os gemidos não são uma estilização, mas que, com efeito, há algo de errado com seu coração. Geme de tal forma, leva as mãos de tal maneira ao coração que o público tem medo que já-já lhe dê um ataque, um choque apoplético. Isto tem que assustar.

Agora, detalhes que necessitam de explicações. "É claro que é louvável que cada um monte sua casa..." e adiante – ele põe entre parênteses e por isso há uma diminuição. Não há vantagem em colocar entre parênteses. É melhor por conta da diminuição dizer rápido. Manter na mente o "indecente", e pronunciar as palavras diante dele não como uma diminuição, nem como um texto colocado entre parênteses. É um trampolim para o aparte "indecente". Ele já bem desde o começo mantém na mente o "indecente" – então todo o monólogo se manterá expressivo. Para que haja todo o tempo "o diabo que o carregue", é necessário ódio pela pessoa. A tendência fundamental do prefeito é sempre o movimento no texto, ele leva o texto.

Agora o papel já andará com facilidade.

A cena do prefeito com o chefe dos Correios. "... Nós é que ficaremos mal, e não os turcos... tenho uma carta". O prefeito seguramente deve entregar a carta ao chefe dos Correios, e o chefe dos Correios a examinará depressa com olho experiente. Pois você sabe ler rapidamente as cartas, é a sua especialidade. Pára, faz uma pausa – uma parada: lê. Depois – "Mas se é assim..." isto é, se é verdade o que está escrito. É preciso dar motivação à frase, do contrário não estará determinada por nada. E esta pausa será preenchida pelo prefeito que se aproxima do chefe dos Correios e de repente reduz a fala a um murmúrio confidencial. É necessário um outro tom que seja mais íntimo, mais insinuante, pois isto de dizer de repente "abra a carta" é muito difícil. E o público descansará – o prefeito fala muito baixo, rápido e monótono. Já que vai sussurrar ao ouvido – não envolva o discurso com quaisquer adornos melódicos. Que seja quase nada para que o público faça um esforço – o que é que ele está dizendo? E haverá um descanso para você e para o público. E o chefe dos Correios – "é uma leitura bem interessante" – cai neste mesmo tom. Depois remexe por entre as cartas e passa a carta para as mãos do prefeito. Este olha com ar estúpido para ela, está nalgum lugar longe – pensa no inspetor, na carta recebida, mas o chefe dos Correios mete-lhe a carta nas mãos e aponta com o dedo – "não, é aqui, olha!" Que haja um barulho de cartas, muitas cartas, e que não haja a descrição de sempre. O texto aqui, de fato, não tem a ver. E no entanto, a descrição do baile é sempre feita exatamente assim, mas deve ser mais suave como um sussurro. E depois – mas então, o que é que você está olhando. Bem, "se quer", eu mesmo "lerei" – arranca a carta das mãos. Que haja um jogo com o objeto.

O juiz entra de modo inoportuno. Mete-se no meio do grupo e introduz por entre as cartas um cachorrinho molenga e baboso. Rosna, ele o apalpa e mostra que é do sexo feminino: "irmã carnal daquele cão". É uma cena puramente fisiológica. Uma cena agradável como acontece em qualquer laboratório cirúrgico quando extirpam glândulas, fazem um transplante e todos olham e participam. Eles também olham, e o juiz colocou o cachorrinho de costas, abriu-lhe as patas – e todos olham, querem se certificar. O laboratório, o cachorro – vamos preparar bem isto.

"Agora não me interessam as suas lebres" – não é preciso dizer, é melhor com mímica. "Pois então está esperando que de repente a porta se abra e – Zás ..." Proferiu o prefeito e compreendeu que com esta gente não havia nada a fazer. Só lhe resta retirar-se quando o outro enfia o cachorro. Eu indicarei os lugares. Nas encenações esta cena deve ser muito bem interpretada. Depois voltarei ao prefeito.

Agora Artemi Filíppovitch. Bem. Primeiro, o que disse Záitchikov está excelente. Assim tão doce – está excelente, é um melado que escorre tal como do morango. Não sei como será adiante. Não está dando certo porque no diálogo entre Artemi Filíppovitch e Ammós Fiódorovitch ambos discutem demais. É preciso representar não aquilo que está escrito, mas outra coisa. "Vamos, vamos, Ammós Fiódorovitch..." e adiante. Deve ser texto corrido. É preciso conseguir uma discussão sem sentido. Que o público tenha a impressão que eles brigam e discutem irritados sem saber o por quê. O prefeito

Episódio 7, "Em torno de uma garrafa..." Ana Andréievna corta um pedaço de melancia.

inquietou a todos, alarmou-os, e eles estão assim tão excitados, porque foram tirados daquele estado de letargia, daquela pasmaceira provinciana. Aquelas pessoas que, na verdade são os Oblómov[66], sempre se irritam quando os obrigam a fazer alguma coisa. Aqui não é importante que o público ouça todas as palavras, entre eles deve então se escutar – "pois vá para o diabo". Nas palavras sobre Salomão e sobre o juiz também existe maldade. É preciso que haja uma certa palpitação do texto e que o público ora escute, ora não escute. Não vai ser por isso que Gógol vai se revirar no caixão. É preciso que haja inquietude, há uma certa excitação aqui. Isto, no fundo, é em si mesmo, *and und für sich*, como dizem os alemães, um monólogo; não se ouve um diálogo, mas um certo resmungo.

(Ao juiz) "E desde então ele cheira um pouco" (uma parada) "a vodca". Mas resulta em você algo literário, pouco coloquial. De início ele não queria dizer tudo isto – simplesmente "cheira um pouco". Mas depois viu-se obrigado a acrescentar "a vodca" de tal forma que se ouça separado de toda a frase. Não sei como você vai pronunciar isto. É você quem poderá dizer melhor, mas não procure agora. Do contrário, tudo ficará mesmo muito parecido. "Mas o que é que você entende, Anton Antonóvitch por pecados?" – Você diz isto, quando aquele se zanga: "Mas isto foi o próprio Deus quem fez assim, e os voltairianos falam em vão contra isto". "Mas o que é que você entende por pecados?" ... – já está na cabeça "O xale"[67], mesmo que o seu "xale" surja inesperadamente – é indispensável prepará-lo. É preciso que duas pessoas briguem sobre um único tema. Você está rindo – não precisa ir. Cortou: "o xale" – pausa: manda ver!

(Ao prefeito) E você não deve responder imediatamente. No começo fica até como que desnorteado, mas depois: "Mas eu... todo domingo freqüento e igreja". Um pouco como a anedota: "Mas você me roubou a cigarreira". Entenderam onde é que está a coisa?

Luká Lukitch – com este outro (novo) enfoque do prefeito – está errado. Ele amola o prefeito: "Bem, na verdade, o que é que devo fazer com ele?" Ele deve amolar, investir, como um homem que, contestando, também zombe de você, amola – "Será que sou eu o culpado? Eles é que são". E o tempo todo vai avançando sobre ele. Até que o prefeito diga algo. Luká Lukitch todo o tempo vai disparado com diferentes entonações: "Então, o que é que eu faço

---

66. Trata-se de uma personagem do romance de I. Gontcharóv (1849-1859), característica pela indolência e imobilismo, tendo se tornado na Rússia uma expressão comum para designar a inércia e a passividade.
67. A palavra "xale" aparece na réplica do juiz: "Pois bem, se, por exemplo, alguém tem um casaco de peles que custa quinhentos rublos e para a mulher um xale..."

com eles?" Do contrário, ficaria muito estilizado. Como estilização, ele faz bem, mas não há vivacidade e nem astúcia.

"Ah, canalhas, não permita Deus que tenha que servir à ciência! Ah, canalhas!" Resulta, pois, que com aqueles professores ele não pode fazer nada. A impressão que se tem é de um bando de professores, culpados de tudo.

O prefeito está em silêncio, e você, Luká Lukitch, novamente áspero para com ele, novamente o *leitmotiv*: "Bem, então o que é que eu faço com eles?" E ele já se calou, mas você continua amolando-o: "Mas então, o que é que eu posso fazer, pois se isto é um bando". Então o prefeito se sente aliviado. Você não percebe nada, você já perdeu o juízo, e ele: "Ah! Meu Deus, meu Deus!" e sai.

Graças a Deus, superamos a tradicional tonalidade amolecida.

Conseguiu-se perfeitamente agudeza e mordacidade. A primeira parte está muito bem feita. Apareceram gestos agudos, de marionetes. Isto não vai prejudicar a morbidez. É bom quando há leveza. É difícil de se conseguir, mas havendo leveza, surgirá a enfermidade. Seus gemidos têm uma só nota, mas quando surgir a diversidade, a nuança, então aparecerá a enfermidade. E isto não vai sobressair de maneira tão forte. Então aparecerão novos momentos, novos pretextos para os gemidos, o que quebrará certa artificialidade.

Você deve ainda levar em consideração, quando estiver construindo todo o papel, que depois do quinto ato, depois do monólogo, haverá toda uma modificação na tonalidade geral. Se não se levar em conta todo o papel ao longo de toda a peça, o prefeito pode se revelar por inteiro no primeiro ato. É preciso dar ao papel um "crescendo", do contrário pode haver uma queda de modo a não restar nada, a não ser o primeiro ato. Você ganhou muito ao encontrar todas as cores, e quando todo o sistema do papel se desenvolver, veremos que, na medida em que o monólogo do quinto ato deve predominar, você saberá então como perder o juízo nesse quinto ato – uma vez que já será sabido como acontecerão suas conversações com Khlestakóvv no segundo ato, como você vai se comportar na cena das mentiras ou depois, na cena com Ana Andréievna, quando tudo já estará conseguido. Daí vai depender todo o resto, e depois disto você certamente vai dizer o monólogo como se deve.

Neste sentido, a cena do quinto ato com os comerciantes não é muito significativa; creio que ali o prefeito não se esmerará muito, na medida em que, sabedor de seu poder, estará ali tão tranqüilo que conduzirá a cena com bastante segurança.

Estou satisfeito, muito satisfeito. Simplesmente não esperava que fosse possível esse progresso e num prazo relativamente curto, pois estive ausente só por cinco dias.

DE UMA CONVERSA COM OS ATORES*

(15 de Março de 1926)

Quando o ator aborda o trabalho sobre um papel, ele se vê obrigado, antes de mais nada, a compreender que tipo de papel é este. E ele só pode compreender isto depois de compreender, de assimilar que tipo de peça tem diante de si: drama, farsa, comédia, pastoral, tragicomédia, tragédia, tragédia romântica ou realista etc. São todas sutilezas que devem ser absolutamente assimiladas. Quando se aborda *O Inspetor Geral* de Gógol, é surpreendente, antes de mais nada, o fato de que, embora existam todos os elementos da dramaturgia anterior, e embora a dramaturgia do passado tenha fornecido a ele toda uma série de premissas, parece, sem dúvida alguma, pelo menos a mim, que aqui Gógol não conclui, mas começa. Embora ele tome toda uma série de elementos conhecidos do ponto de vista da estrutura da peça, percebemos imediatamente que aqui algo nos é apresentado de uma nova forma. Assim, também com relação as personagens. Dizem, por exemplo, que o papel de Khlestakóv expressa a máscara do mentiroso e a do janota. Gógol sabia disso, e o ator que interpreta Khlestakóvv também deve sabê-lo. Mas na medida em que estamos diante de um tipo de obra que não é apenas uma conclusão, mas também um início, o ator pode cortar todo vínculo com as máscaras deste gênero. Pode e, talvez, deva. E dirá, inevitavelmente, esta mesma frase, isto é, que Gógol não conclui, mas começa. Parece-me que isto se descobre em *A Saída do Teatro*[68]. Por que motivo Gógol teve necessidade de escrever *A Saída do Teatro*? Para registrar lá esta sua declaração de que ele não conclui, mas começa. Do meu ponto de vista, é isso. Vocês me dirão que ele escreveu porque ficou insatisfeito com a realização etc., mas me parece que ele o fez justamente como um inventor, como um homem que encontrou uma forma nova. Era curioso para ele representar este mundo dos críticos ao redor de sua peça e, exibindo a mais variada espécie de gente, mostrar que todos eles se escandalizaram por não encontrar aquilo que era o principal e o essencial para Gógol. E no momento em que estamos diante de algo

---

* Segundo a edição soviética, este texto é parte de um artigo de V. Meyerhold e M. Kóreniev, "Algumas Observações sobre a Encenação de *O Inspetor Geral* no Gostim (Teatro Estatal Meyerhold) em 1926-1927", publicado no livro *Gógol e Meyerhold*, Moscou, Ed. "Nikitinskie Subbotniki", 1927, pp. 80-83. Trata-se de um estenograma elaborado por Kóreniev.

68. *A Saída do Teatro* (1842) é uma peça curta, em um ato, escrita por Gógol onde um grupo de pessoas emite suas opiniões sobre uma peça de teatro que acabaram de assistir. Gógol expõe, a partir da discussão entre as personagens, suas concepções sobre o teatro e sobre a incompreensão do público e da crítica diante de novas formas.

que não é apenas uma conclusão, precisamos investigar esta obra de uma maneira nova e procurar encontrar nela aquelas raízes que se desenvolveriam algum tempo depois, na dramaturgia russa. Em 1926, sabe-se já que alguns escritores posteriores a Gógol começaram a criar segundo estas novas tradições gogolianas e que há alguns que já estão completamente envolvidos pelo sistema dramatúrgico de Gógol...

As testemunhas de nosso trabalho inventam uma verdadeira escola, dizem: eis aqui o neonaturalismo, eis a chave com a qual poderemos abrir caminho para se compreender Gógol.

Então é preciso fazer um reparo e dizer que na comédia de Gógol não há "comicidade do absurdo", mas "situação do absurdo". Isto é mais prudente, pois aqui cabe uma questão: seria comicidade? Desconfio que não seja comicidade. Quando Gógol lia para Púchkin os primeiros capítulos de *Almas Mortas*, Púchkin (que era um aficionado do riso) começou a ficar pouco a pouco cada vez mais sombrio, mais sombrio e, por fim, tornou-se completamente melancólico. Quando então a leitura terminou, ele disse com voz de pesar: "Meu Deus, como é triste a nossa Rússia"[69]. Resultou um efeito inesperado. Gógol tomava como cômico, mas Púchkin percebeu de imediato que não se tratava de comicidade, mas de alguma outra coisa.

Quando quero defender o ator do risco de cair numa abstração qualquer, proibo até mesmo que se fale de máscaras, pois é perigoso. Quando você tem diante de si uma nova dramaturgia, com indicações tão definidas que mencionam um capitão de infantaria que é de Penza ou que uma pena foi retirada da sopa etc. e que detalhes tão concretos existem no próprio texto, então é preciso estar armado dos pés à cabeça justamente para essa direção. Então, digo sem rodeios – Khlestakóvv. Falo de coisas concretas como um materialista. O ator deve estudar Khlestakóvv em todos os seus detalhes biográficos para saber quem ele é. Talvez seja um trapaceiro, uma das personagens de *Os Jogadores*[70], ou um mentiroso que queira só debochar etc. Ou simplesmente, um homem com uma certa perseverança. Ou talvez até estivesse em *tournée* de cidade em cidade para trapacear as pessoas no seu jogo. Talvez isto seja paradoxal, mas quando, há pouco, reli *Os Jogadores*, compreendi que está lá prescrita qualquer receita para o papel. Ali todos chegam tão-somente para trapacear um ao outro, têm cartas marcadas e por pouco

---

69. Citação do próprio Gógol em "Quatro Cartas para Várias Pessoas à Propósito de *Almas Mortas*".
70. *Os Jogadores* é uma comédia satírica em um ato escrita por Gógol entre 1832 e 1837.

Episódio 11, "Beija-me".

não organizam uma fábrica inteira para a confecção de baralhos marcados, e pedem para não se indignarem se um baralho marcado com especial esmero ainda "leve um nome como se fosse uma pessoa: Adelaida Ivánovna". Parece-me que esta é a história de Khlestakóvv. Cabe perguntar: por que então ele não se pôs a trabalhar imediatamente com isto? Primeiro, porque ele apenas acabava de chegar, e, segundo, não se pode começar, assim, de imediato, sem preâmbulos. Pelo visto, ele está apenas na fase de orientar-se – saber onde é o clube, encontrar os endereços etc.

E, de repente, sem preâmbulos, teve sorte. Tomaram-no por um inspetor, e ele, "sem dúvida, não hesitou em tirar proveito", e conduz o espetáculo sobre este novo tema. E na medida em que o dinheiro não vem através das cartas (pois através das cartas também poderiam surrá-lo), consegue-o então com grande facilidade.

Isto permite aos atores não estudar os procedimentos de representação dos teatros precedentes, mas estudar todas as outras obras de Gógol, para retirar de lá todos os movimentos, todas as ações. Inventamos uma faxineira e depois encontramos esta faxineira em Gógol, o que nos dá uma determinada fórmula e nós já sabemos como interpretá-la[71]. Quando o ator for reler as obras de Gógol, encontrará tanto os gestos como os movimentos que irá incorporar ao texto ao interpretar, por exemplo, Khlestakóvv. Isto lhe dará certa segurança, terá um determinado tipo, o que lhe dará uma determinada maneira de andar, uma indumentária etc.

INFORME SOBRE O INSPETOR GERAL*

(24 de Janeiro de 1927)

*1. Quinze teses para quinze episódios. Sobre a encenação de O Inspetor Geral***

1. O descontentamento de Gógol com a leitura cênica de O Inspetor Geral de 1836 – ponto de partida da encenação de 1926.
2. Espetáculo recreativo e espetáculo denunciador.

---

[71]. Em *Os Jogadores* (cena VIII) uma das personagens diz: "Na escada vejo uma faxineira, um verdadeiro monstro; um soldado lhe faz a corte, parece que está em jejum..." No *Inspetor* de Meyerhold a faxineira torna-se uma personagem na cena do hotel.

* Este informe foi lido em Leningrado, no Teatro Acadêmico do Drama (antigo Teatro Aleksandrínski). Após a exposição, os atores do Gostim apresentaram dois episódios do espetáculo e foram projetados alguns diapositivos de cenas de outros episódios. Seguiu-se depois um debate.

** O original deste texto encontra-se no Arquivo Central de Literatura e Arte do Estado da URSS.

3. Caracterização anedótica e biográfica das personagens.

4. Utilização daquilo que foi conseguido no cinema pelos mestres – Griffith, Cruse, Keaton, Chaplin – e sua superação através dos procedimentos das "brincadeiras próprias do teatro" (*lazzi*). Novos procedimentos para o jogo do ator.

5. Destruição da lenda sobre o hiperbolismo de Gógol.

6. Texto. Escolha de variantes (falada). Eliminação das indicações cênicas pronunciadas.

7. Linguagem. Descoberta da estrutura musical do texto.

8. Artificialidade do monólogo. Oportunidade e meios para sua supressão.

9. Artificialidade da divisão em atos. Novas divisões cênicas – a construção de episódios. Consolidação por esta via do eixo básico da comédia.

10. Caracterização social do meio. Construção de novos tipos. Objetos cênicos. Estilo de vida.

11. Música. Distribuição do material musical.

12. Reação da crítica[72].

13. Ataque geral com todas as forças da pequena crítica e seu resultado. Resposta do espectador.

14. Três tipos de críticos: teatrólogos, críticos, enquanto tais, críticos sem qualquer qualificação.

15. Atribuição à encenação de três pecados mortais: misticismo, erotismo, associalidade. Nossa resposta.

2. Do estenograma do informe*

... Muitos críticos ficaram extremamente admirados pelo fator de eu ter montado *O Inspetor Geral* – eu, que em 1920 proclamei e lancei uma série de *slogans* sob a bandeira de "O Outubro Teatral"[73]. Pareceu incompreensível a estes críticos como eu, que tanto

---

72. Apesar dos artigos favoráveis de A. V. Lunatchárski, A. A. Gvózdiev, A. L. Slonimski, I. Glebov e V. Maiakóvski, alguns jornais e revistas de Moscou publicaram críticas negativas, atacando Meyerhold pela reformulação do texto de Gógol e pelo tom "místico" de sua encenação. A polêmica sobre o espetáculo de Meyerhold resultou em duas publicações coletivas: *O Inspetor Geral no Teatro Meyerhold* e *Gógol e Meyerhold*, Moscou, 1927.

* O original deste estenograma encontra-se no Arquivo Central de Literatura e Arte do Estado. Este discurso, anotado de forma confusa, teve que ser corrigido pelos redatores da edição soviética que efetuaram algumas alterações de ordem estilística e reduziram certos trechos que pareciam desarticulados.

73. Meyerhold tinha sido nomeado em 1920 o Chefe do Departamento Teatral do Comissariado de Educação e havia lançado o movimento "Outubro Teatral", cuja proposta era a criação de um teatro diretamente empenhado nas polêmicas políticas e que refletisse as idéias do comunismo com o mesmo realce dos comícios e cartazes.

havia lutado pela superação do apolítico no teatro, de repente, vejam vocês, ter me colocado ombro a ombro com Anatóli Vasílievitch, que não faz muito tempo, lançou o lema "Volta a Ostróvski"[74].

Este lema, em seu tempo, foi também adotado pelos críticos que assinalavam que o Comissário da Instrução Pública, segundo o ponto de vista deles, não deveria se ocupar com essas coisas naquele momento, quando começavam a se manifestar no teatro aspectos bastantes positivos, em particular, o "Outubro Teatral". Todos os teatros, pouco a pouco, começaram a tomar o caminho desse "Outubro Teatral". Até mesmo aqueles teatros que pareciam menos propensos a sair do ponto morto começaram a montar peças revolucionárias. Justamente quando os teatros moscovitas puseram-se a representar toda uma série de peças revolucionárias, neste momento o Comissário da Instrução Pública declara: "Volta a Ostróvski".

É claro que para as pessoas que geralmente pensam apenas por meio de esquemas, minha intervenção e a intervenção de Anatóli Vasílievitch Lunatchárski podem parecer, sem dúvida nenhuma, um *nonsense*. Parece, porém, que aqui há algum mal-entendido.

Mas, camaradas, é preciso enfim algum dia começar uma coisa verdadeira. Se voltarmos os olhos para atrás, para os anos vinte, vinte e um, vinte e dois, vinte e três, veremos então que já nessa época, em outros setores também, era necessário propor algumas palavras de ordem, por assim dizer, de caráter mais incisivo. Estávamos preocupados, então, mais sobre a questão da propaganda. Era preciso persuadir as pessoas quanto a uma série de questões, levá-las justamente para esse esquema. Era preciso assimilar essa idéia.

Ao passarmos para um trabalho mais profundo em todos os setores, temos que convir não ser possível continuar nos ocupando em agitar bandeiras vermelhas e dizer que no mundo existe apenas um único esquema.

Aparecem peças revolucionárias nas quais lutam duas forças: de um lado os vermelhos e, do outro lado, os brancos. Conhecemos uma série de peças, se quisermos até que bastante boas, nas quais esse esquema é predominante, e além dele não há mais nada; não há personagens vivas, nem situações vivas, mas apenas um esquema – a luta de classes e nada mais. Mas, camaradas, esta receita, esta receita esquemática, torna-se prejudicial na medida em que todo mundo começa a escrever peças revolucionárias segundo este esquema e simplesmente nos cobrem com peças revolucionárias ruins.

---

74. Anatoli Vasílievitch Lunatchárski, então o Comissário da Instrução Pública, havia proposto um retorno aos clássicos da dramaturgia russa como uma forma de se encontrar novas alternativas ao repertório a ser levado pelo novo teatro soviético que surgia. Lançara, assim, o *slogan* "Voltar a Ostróvski".

Vocês pensam que nossa dramaturgia é pobre? Não, é muito rica, muito fecunda, mas é rica apenas quantitativamente, do ponto de vista qualitativo ela é muito pobre. E eis que neste momento nós, justamente nós, que proclamamos o lema "Outubro Teatral", começamos a refletir sobre o que acontece quando assim, com tanta facilidade, sem fazer o menor esforço, qualquer um pode escrever, e qualquer teatro pode montar qualquer peça em que apareça este esquema. E quando vimos que os atores perdiam algo daquela técnica que lhes foi sempre tão necessária para representar em cena pessoas vivas, nós, que não fazemos apenas propaganda, mas também, por assim dizer, somos tecnólogos desta frente, vimos aproximar-se o perigo, um perigo não apenas no domínio da mestria do ator, não apenas no domínio da mestria do encenador, mas também no domínio da própria dramaturgia... Foi esse perigo que nos obrigou a interromper, num dado momento, esta corrente[75].

Mas é claro que o lema vitorioso do "Outubro Teatral" é de absoluta grandiosidade. Vi no Teatro Mali uma peça muito boa de Treniov, *Liubov Iarovaia*[76], e afirmo que para o décimo aniversário do "Outubro" conseguimos uma brilhante vitória. Até um teatro tão conservador como o Mali montou uma peça tão bem interpretada e tão boa como *Liubov Iarovaia*. Mas isto, camaradas, não significa de modo algum que devamos parar, que devamos, por assim dizer, sossegar sobre estes louros.

É preciso dizer também aos dramaturgos, encenadores e atores – principalmente aos atores, que não se esqueçam que nenhum operário, nenhum camponês (pois é para eles que construímos nosso

75. Aqui fica evidente que, para Meyerhold, fazer uma revolução no teatro significava, antes de mais nada, pesquisar formas novas para a linguagem teatral, objetivando a criação de um teatro cuja tendência política não impedisse a livre experimentação formal do artista. Ainda, como o encenador deixa claro, o criador revolucionário, o ator revolucionário não deveria apenas possuir uma determinada concepção de mundo, mas, sobretudo, o pleno domínio da técnica de seu ofício.

76. Konstantin Treniov (1878-1945) pertencia ao grupo de escritores que formava a geração mais velha da revolução. A estréia da sua peça *Liubov Iarovaia* aconteceu no Teatro Mali em 22 de dezembro de 1926. A peça tratava de temas contemporâneos: a ação se passa durante os dias da guerra civil e mostra a luta entre os brancos e os vermelhos. Meyerhold dirá, ainda a propósito da peça de Treniov (Cf. "Sobre o Espetáculo *Liubov Iarovaia*", no mesmo volume da edição soviética) que o espetáculo "marca uma data histórica no desenvolvimento dos princípios do 'Outubro Teatral' " e que se "trata de um drama de uma qualidade incomparavelmente superior a todas as peças apresentadas nos dois ou três últimos anos no Proletkult ou no Teatro da Revolução". E ainda: "O aperfeiçoamento das técnicas de representação, a elevação da qualificação dos encenadores são questões que estão na ordem do dia para os trabalhadores do teatro revolucionário. Se esses teatros querem permanecer revolucionários, é preciso rejeitar as técnicas do velho naturalismo, mas também, não se perder no domínio de esquemas abstratos".

teatro) suportará que se represente diante deles apenas esquemas, de modo que esta produção de peças sobre o tema da luta entre o vermelho e o branco é absolutamente insuficiente. O teatro não pode ser reduzido a isso. Por conseguinte, devemos nos preocupar para que os fundamentos autênticos e tradicionais, sem os quais o teatro não pode existir, de novo floreçam, e floreçam com muito mais brilho do que no período dos epígonos. Chamo atenção, em particular, sobre o fato de que a decadência da técnica teatral coincide com os momentos em que os epígonos tomam conta do teatro.

... Quando iniciamos o estudo de *O Inspetor Geral*, vimos que todo o plano, toda a construção da peça, todas as suas particularidades, tudo que há de mais típico e que poderia, do nosso ponto de vista, sanear o teatro – tudo isso desapareceu, desapareceu, desapareceu não se sabe como. Mas desapareceu porque quando Gógol subia ao palco, sempre caía como que um peso sobre esta peça, de todos os lados, justamente aquilo que queremos retirar do teatro. Distinguimos de forma bem nítida dois princípios: o princípio autêntico e tradicional e as tradições deterioradas por influências diversas. Mas estou dizendo isto apenas de relance, para passar imediatamente ao *O Inspetor Geral*, depois deste breve prefácio sobre a situação geral do nosso teatro atual. Uma pequena observação: ao falar de *O Inspetor Geral*, terei em mente, o tempo todo, que o teatro revolucionário existe. Desejo-lhe toda prosperidade, mas com a condição indispensável que o teatro se liberte de uma atualidade mesquinha. Em nossa construção, apesar dos aspectos negativos, há outros que suscitam em todos os homens de teatro uma atitude entusiasta, mas não nos apercebemos disso. Quando queremos ridicularizar alguma coisa, o fazemos com tamanha veemência que o grito de uma das personagens da peça de Faikó, *Evgraf, Buscador de Aventuras*[77]: "Fora, fora, quero fugir deste país bárbaro!" já me parece arriscado. Porque, na verdade, se qualquer estrangeiro nos visita e vê no teatro todos esses "focinhos de porco" que apresentamos em nossa autoflagelação, nesta vontade de ridicularizar a nós próprios, então alguns dirão, esfregando as mãos: "Vejam como seu teatro reflete bem sua vida absurda", e outros dirão: "Eles só sabem rir de si próprios, mas quando é que vão se entusiasmar?"

Mas ao tentarmos criar um tipo positivo, com freqüência deparamos com uma imensa bobagem. E por vezes uma frase positiva soa quase contra-revolucionária. Um soldado do Exército Vermelho,

---

77. Esta peça de Faikó foi montada pelo Teatro de Arte de Moscou nº 2, em 1926.

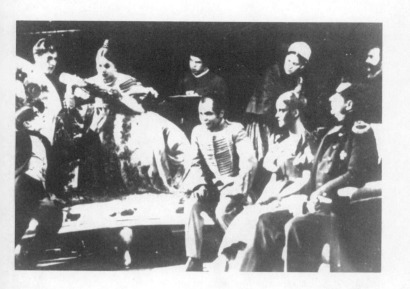

Episódio 7, "Em torno de uma garrafa de Tolstobriuchka". Ana Andréievna coloca rum no chá de Khlestakóv.

O prefeito, interpretado por Starkóvski.

em *O Cimento*[78], conversa com o engenheiro de maneira tão grosseira, que o engenheiro, passível de ser ridicularizado, segundo a idéia do encenador, parece um homem muito inteligente, enquanto aquele que representa o tipo positivo, nos parece um idiota. Ademais, é impossível interessar o público recheando o espetáculo de retumbantes frases políticas. Isso é resultado de um erro de perspectiva[79].

E aqui que vêm à cabeça as palavras excelentes de Lenin proferidas a propósito da imprensa soviética: ele sempre salientava a necessidade de evitar a tagarelice política, a ênfase constante de uma frase em nome da própria frase[80].

Nós, homens de teatro, precisamos empenhar todos os esforços para que nossa cultura, a cultura teatral não decaia. Estamos bastante atentos à nossa frente cultural. Sabemos que nosso triunfo final só será possível com a condição de que pensemos cada dia, cada hora, cada segundo sobre a necessidade de aprofundar e elevar nossa cultura em geral. Se com nosso *Inspetor* conseguirmos tão-somente fazer com que seja impossível encontrar *O Inspetor Geral* em qualquer biblioteca para se ler, ou comprá-lo em qualquer livraria, pois estará esgotado em toda parte – considero que já fizemos uma grande coisa [Aplausos].

Não é preciso, camaradas, que nós, trabalhadores do teatro, atuemos para os pequenos-burgueses. Se os pequenos-burgueses têm necessidade de ir ao teatro só para seguir todas as peripécias de um adultério, ou de escutar às escondidas, olhar pelo buraco da fechadura como as pessoas se esbofeteiam, brigam, matam-se por qualquer ninharia, então devemos dizer que não vamos trabalhar para esse consumidor. Mas como então satisfazê-lo? Vou expor uma idéia que, estou convencido, será realidade dentro de vinte ou trinta anos. Para este tipo de pequeno-burguês, para este consumidor, será preciso criar obrigatoriamente seu próprio "teatro pequeno-burguês" [risos], isto é, o lugar onde deixarão entrar somente pequenos-burgueses [aplausos]. Mas como criar este teatro? – Na verdade, ele já existe. Tal necessidade a ser satisfeita, já está satisfeita, mas numa escala bem menor. Não é todo o público que consegue entrar nestes

78. Trata-se de uma adaptação para teatro do romance de F. Gladkov (1883-1959) escrito em 1921 e muito popular nos anos 20. A adaptação teatral estreou em 1926 em Moscou e foi montada em muitos teatros da província.
79. Meyerhold indica mais uma vez os riscos que se apresentavam à nova dramaturgia soviética. Vários autores para mostrar o contexto e as condições de vida que cercavam o período da NEP (Nova Política Econômica) utilizavam procedimentos naturalistas como forma de representação da realidade.
80. Referência ao artigo de Lenin, "Sobre o Caráter de Nossos Jornais", *Obras Completas*, tomo 37, 5a edição.

teatros – as salas são demasiado pequenas [risos]. De que teatro estou falando? Falo dos tribunais [risos]. Reparem em qualquer tribunal popular. É um espetáculo formidável! Ali se exibem dramaturgos – toda uma série de dramaturgos famosos, e quantos amadores! [Aplausos]. Perambulam por estes tribunais e anotam frases acertadas, questões acertadas, observações acertadas. Existem lá tipos formidáveis, tirados diretamente da vida! É pegar uma *Kodak* e fotografar! Estou convencido de que se pode satisfazer esta necessidade, se arranjarmos uns prédios grandes onde possam ocorrer estes tribunais [risos]. E como, efetivamente, pretendemos realizar uma propaganda sadia, mostraremos tudo aquilo que até agora tem sido espiado pelo buraco da fechadura. Pois existe uma porção de gente ocupada apenas em perambular pelos tribunais. Ampliando as dependências dos tribunais, teremos um desafogo.

Mas nas obras de arte autênticas como *O Inspetor Geral* – é claro, não apenas esta, poderíamos citar uma série de outras – nestas obras de arte não se encontram coisas como essas. São geniais; estão ali roteiros tão concretos, situações cênicas, personagens e tipos que se tornam eternos e que jamais estarão desgastados. Estas obras são construídas de outra forma – e não como as peças das quais acabei de lhes falar. Deste ponto de vista é bastante instrutivo o conselho que Gógol deu certa vez a Chtchépkin. (E isto é coisa para não esquecer.) Pergunta ele a Chtchépkin: "Será que você esqueceu que existem peças envelhecidas, superadas, gastas? Será que você esqueceu que para um ator não existem papéis velhos, mas que ele mesmo é um eterno renovador? Vamos, repasse em sua memória o velho repertório e veja-o com olhos novos e atuais..."[81] Pois é esta capacidade de recriar uma peça que a mantém viva, depois de noventa anos, porque nos permite olhar para ela "com olhos novos e atuais" – isto já nos indica que a peça é excelente, e por isso nosso lema é – "Volta a Ostróvski, volta a Griboiédov, volta a Gógol".

Isto não significa, como entenderam alguns críticos, trair o teatro revolucionário, trair os objetivos do teatro revolucionário; isto significa simplesmente fortalecer a frente teatral no campo da criação do teatro revolucionário, porque o teatro será verdadeiramente revolucionário apenas quando não mais tentar agradar aos pequenos-burgueses, quando for criado para o homem novo, para o trabalhador e o camponês da URSS. E no palco devemos evidentemente elaborar estas peças de maneira a criar através de sua solidez, de seu colorido, de sua vivacidade, uma impressão de revolucionário. Não há nenhuma situação em *O Inspetor*, em *A Desgraça de*

---

81. Carta ao ator Chtchépkin de 3 de dezembro de 1842.

Ter Espírito, em *A Floresta*, ou nas peças de Sukhovo-Kobílin, que não possa ser vista de uma maneira nova.

Quando interpretava *O Inspetor*, o velho teatro caía geralmente num ou outro extremo, igualmente estranhos à comédia de Gógol: em primeiro lugar, esforçava-se por impor a esta peça uma ênfase exagerada, uma hiperbolização excessiva, de tal modo que levava algumas pessoas a imaginarem suas personagens vivendo como aquelas figuras existentes nos pintores *peredvíjniki*[82]. Procuramos levar em conta o descontentamento de Gógol quanto ao tratamento cênico de *O Inspetor*, quando levado à cena no Teatro Aleksandrínski em 1836. O que aconteceu então? Os atores estavam inteiramente sob a influência da técnica do *vaudeville*; de um lado do melodrama, mas de outro, certamente do *vaudeville*. Em virtude disso, quando eles começavam a ensaiar, a estudar esta peça, viam cada personagem exatamente como as que definimos como sendo personagens das peças revolucionárias. Isto porque percebiam apenas um esquema, tão abstratas eram sempre as personagens de todo *vaudeville*. Vejam o rapaz com a bengala, a sogra, ou o velho ao entrar na sala sempre surpreendendo alguém que está se beijando etc. Vejam o típico bobalhão, ou o típico pai nobre, ou a típica donzela que gorjeia e canta. As pessoas, acostumadas com este esquema, não podiam evidentemente ver gente viva nas personagens de Gógol. É um equívoco colossal.

Quando começamos a estudar a interpretação do passado, não se sabe por que, todos nos atormentam com as cartas de Gógol nas quais ele fixa sua própria atitude com relação ao *Inspetor*. Começamos a ler estas cartas e fica absolutamente claro para nós que as pessoas falam de coisas diferentes. Agora, quando a peça já foi apresentada de uma nova forma, levando em conta todas aquelas observações que Gógol fez aos atores, nos dizem de repente: "Permita-me dizer, você não pode considerar iguais todas as cartas de Gógol que tratam do *Inspetor*". Gógol de 1836 não é o Gógol de 1847. Gógol em tal ano tinha isto, aquilo etc.

Um encenador enviou-me um telegrama de felicitações no qual adverte: "Não caia prisioneiro da alma noturna de Gógol"[83]. Te-

---

82. Os pintores *peredvíjniki* formavam um grupo de artistas no século XIX fortemente marcados pela tendência realista e que promoviam exposições ambulantes. Daí sua denominação proveniente de *peredvínut* (mover, deslocar, mudar) e de *peredvijénie* (movimento, locomoção, deslocamento). A arte dos pintores ambulantes *peredvíjniki* com seu realismo populista significa para Meyerhold tudo aquilo que ele rejeitava e desprezava em arte.

83. Trata-se do telegrama de V. Bebutov que dizia o seguinte: "Ao mestre, professor e amigo, felicitações pelo Ano Novo. Não caia prisioneiro da alma noturna de Gógol. Do aluno fiel que te quer bem e brinda pelos seus triunfos. Valeri". V. Bebutov no final de 1924 montou também *O Inspetor Geral*.

Episódio 10, "Senhor Finanças". As súplicas dos comerciantes.

nham paciência, camaradas! Para mim não há nem alma diurna, nem alma noturna de Gógol! Diante de mim há apenas um Gógol, o Gógol autor de *O Inspetor Geral*. Quando estudo esta peça, quando estudo a atitude do autor com relação ao *Inspetor*, vejo que suas modificações na peça correspondem exatamente àquele período ao qual meu companheiro se refere como sendo o período desta "alma noturna de Gógol", na qual, pelo visto, ele próprio encontra-se aprisionado. Não percebo esta "alma noturna". Não me interessa em absoluto que Gógol tenha tido um médico e que este médico lhe tenha receitado algumas pílulas. Não me interessa em absoluto saber qual era a doença de Gógol num ano qualquer. O que é importante para mim é como *O Inspetor Geral* foi pouco a pouco se modificando em Gógol durante muitos anos; o que é importante para mim, por assim dizer, é sentir bem firme nas mãos este eixo, isto é, unicamente o de *O Inspetor Geral*, e se eu perceber que é no exato período de doença de Gógol que a obra se aperfeiçoa, então, quem sabe, possamos até mesmo dizer que *O Inspetor Geral* foi justamente a obra que curou Gógol.

Um dos críticos de Moscou diz que Meyerhold montou *O Inspetor Geral* levando em conta as palavras de Gógol de que ali não eram pessoas que estavam representadas no palco, mas nossas paixões etc. E disse também que há a resposta de Chtchépkin para isso. Com base simplesmente nesta única explicação de Gógol e na resposta de Chtchépkin, o crítico declarava: "Meyerhold, pelo visto, não tratou esta peça no sentido realista desejável pelo qual optou Chtchépkin"[84]. Ao contrário, aqui o caminho é justamente aquele tomado por Chtchépkin. Esta pessoa que me faz a observação esqueceu uma outra carta de Gógol a Chtchépkin que, aliás, foi escrita precisamente no período, por assim dizer, da "alma noturna" de Gógol, em 1847. Gógol escreve:

> Sua carta, bondoso Mikhail Semiónovitch, é tão convincente e eloqüente que mesmo que quisesse tirar de você o prefeito, Bóbtchinski e demais heróis, com os

---

84. Meyerhold, ao que parece, faz alusão aqui ao crítico E. Beskin que em seu artigo, "A Realidade e as Lágrimas de *O Inspetor Geral* de Gógol", publicado na revista *Nóvi Zrítel* (*O Novo Espectador*), Moscou, 1926, nº 50, declarava que "nos anos 40, Gógol submeteu-se definitivamente ao obscurantismo e chegou até mesmo a renegar o seu *Inspetor*, utilizando ainda citações de Gógol sobre o Inspetor ("O Desfecho do Inspetor") e trecho de uma carta do ator Chtchépkin a Gógol. No que se refere às palavras que Gógol enviou em 24 de outubro de 1846 para Chtchépkin, o dramaturgo colocava na boca do Primeiro Ator (o próprio Chtchpékin) uma réplica que apontava "a nossa querida cidade repugnante é bem pior do que qualquer outra e onde nossas paixões andam à solta como seus funcionários odiosos..." O ator responde em carta de 8 de maio de 1847, protestando contra um tal enfoque, ao que Gógol responde em outra carta, acalmando o ator e cujo uso fará Meyerhold adiante em seu pronunciamento.

quais você diz ter identificado como parentes de sangue, os devolveria a você, todos eles, talvez até com o acréscimo de um amigo pessoal. Mas a questão é que você, ao que parece, não entendeu desta maneira minha última carta. Quis justamente reler *O Inspetor* para que Bóbtchinski se torne mais Bóbtchinski, Khlestakóvv mais Khlestakóvv, enfim, para que cada um seja como deve ser. Pois só concebia uma modificação da peça que incluísse o próprio inspetor. Você entende isto? Nesta peça me conduzi tão inabilmente que o espectador chega forçosamente à conclusão que eu quero fazer de *O Inspetor Geral* uma alegoria. Não tenho este objetivo. *O Inspetor Geral* é o *Inspetor Geral*, e a referência a si mesmo é uma coisa indispensável que cada espectador deve fazer com relação a tudo, não só com *O Inspetor*, mas que lhe convém fazer sobretudo a propósito de *O Inspetor*. Isso é o que era necessário demonstrar a propósito das palavras: "será que tenho a cara torta?" Agora tudo ficou no seu lugar. As ovelhas estão inteiras e os lobos saciados. Uma alegoria é uma alegoria e *O Inspetor* é *O Inspetor*. No entanto, é estranho que nosso encontro não tenha dado certo... etc. etc.

Esta carta é tão boa que lança por terra todas as hipóteses quanto ao fato de que Gógol desejasse criar, a partir de sua obra, uma alegoria ou um esquema simbólico. Mas é claro que os críticos que me fazem observações leram as cartas de Gógol, só que não até o fim.

Em lugar do grotesco e do naturalismo do tipo *Peredvíjniki*, apresentamos uma nova leitura. Quando adotamos esta leitura tornou-se obrigatório não seguir meticulosamente uma redação de Gógol, pois vimos que esta obra desde o momento de sua idéia inicial foi sendo modificada o tempo todo pelo próprio Gógol, embora o plano fundamental permanecesse o mesmo.

O descontentamento de Gógol se originava no fato de que o teatro que apresentava *O Inspetor* tinha colocado no espetáculo um tom eminentemente recreativo; não era então importante o tom acusatório. Isto se explica porque a brincadeira em geral é bem própria do teatro. A brincadeira chegou ao palco junto com o *vaudeville*. Este tipo de representação era também mais agradável aos atores, pois o público gostava dessas brincadeiras e seria difícil para qualquer ator abandonar um procedimento que o auxiliava a dominar o espectador. Para o tom acusatório seria necessário inventar alguns outros procedimentos, mas por outro lado, num espetáculo acusatório começaria a soar aquela nota contra a qual a censura entra em luta categórica. Assim, não devemos acusar nem os atores, nem os encenadores daquela época – as condições eram tais que seria impossível representar como se deve um espetáculo acusatório.

Pois esta é uma nova diretriz para a frente teatral revolucionária. Notamos, neste momento, que o estilo de entretenimento se tornou também agora o estilo preferido de teatro revolucionário. Mas agora quase não há mais peças que expressem com um *pathos* sério aquele riso extraordinário sobre o qual Gógol disse: "Meu riso já não é aquele que existia antes... a própria necessidade de me divertir com cenas inocentes e despreocupadas se acabou com meus anos jovens"[85]. Eis aqui também a frase lançada por Púchkin quando Gógol lia para ele as *Almas Mortas*: "Meu Deus, como é triste a nossa Rússia". E é provável que tenha sido esta tristeza que caiu como uma pedra forte e pesada sobre a alma e a mente de Gógol. Pelo visto, isto o abalou, e percebemos que, embora a estrutura básica da peça não se modificasse, cada "advertência" de Gógol aos atores aperfeiçoa a peça. Ela se torna cada vez mais séria, pois Gógol insiste mais e mais no aspecto acusatório do próprio espetáculo.

É pois deste ponto de vista que nosso espetáculo poderia ser efetivamente vulnerável. Se tivéssemos uma crítica efetivamente séria e saudável, e se nossos críticos refletissem de verdade – a única observação que nos poderiam ter feito é que a tendência de fazer um espetáculo acusatório não foi levada a cabo, que seria preciso revirar mais e mais as variantes de Gógol e fazer cada vez mais modificações, introduzir ainda mais uma corrente viva numa nova atitude para com as situações cênicas para que este espetáculo se tornasse realmente acusatório.

Mas de que forma, recusando o grotesco, recusando o *vaudeville*, "as brincadeiras próprias do teatro", de que forma montamos este espetáculo sobre bases novas? Antes de mais nada, com o auxílio deste realismo para o qual até hoje não soubemos retornar. Até hoje não nos decidimos a fazê-lo. Há dois ou três anos era impossível pronunciar a palavra "realismo", porque o realismo, não tendo percorrido os caminhos pelos quais passamos, pôde se desviar para um naturalismo do tipo *peredvíjniki*.

Eis por que, nesta obra, nos esforçamos, com o auxílio de novos meios e por meio da biomecânica etc., para chegar ao realismo e pudemos chegar a ele somente através do elemento musical. Eis por que o termo "realismo musical", referindo-se a esse espetáculo, não é um termo fora de propósito. Vimos que seria preciso compor o espetáculo segundo todas as regras da composição orquestral, onde cada parte do ator não soasse em separado, que seria preciso incorporá-la necessariamente na massa dos grupos de papéis-instrumentos, entrelaçar este grupo numa orquestração bastante complexa, distinguir nesta estrutura complexa o caminho dos *leitmotive* e fazer soar em uníssono, como numa orquestra, o ator, a luz, o movimento e até o objeto que estava em cena. É com especial prazer que declaro, para um auditório em que se encontra Petróv-Vódkin[86], que,

---

85. Citação da "Confissão ao Autor" de Gógol.
86. O pintor K. Petrov-Vódkin, nessa época, elaborava com Meyerhold a cenografia do espetáculo *História de uma Cidade* de Saltikov-Chtchedrin, mas Meyerhold acabou não montando o espetáculo.

na minha opinião, cada objeto começa a viver em sua dinâmica própria, sim, cada objeto começa a viver como se tivesse nervos, coluna vertebral, como se tivesse carne e sangue. Pois esta incorporação do objeto e do ator em relação recíproca aponta aqui para um novo problema que, evidentemente, sob um plano experimental, cada vez mais vem se elaborando. E nós, certamente, veremos no futuro um espetáculo notável que será considerado no teatro dramático como um fenômeno de ordem musical.

E quando o teatro dramático se encarrega de uma obra como *O Inspetor Geral*, a estrutura biográfica das pessoas, suas características não podem ser evidentemente indiferentes. Fixemos bem o que Gógol escrevia nos anos quarenta: "Por favor, joguem fora todas aquelas características que dei noutra ocasião. Não precisam ser levadas em conta em absoluto"[87]. Pois quanto mais ele se aprofundava nesta obra, mais claras estas figuras se tornavam para ele. Via que eram indivíduos vivos, e enquanto indivíduos vivos, possuíam obrigatoriamente alguma biografia. É a descoberta desta biografia – por assim dizer, desta trama biográfica em cada personagem – que nos obriga a modificar decididamente nossa atitude com relação a todos os papéis. Em alguns casos conseguimos mais, em outros menos. Para uns encontramos tipos autênticos em nossa companhia, para outros, não; por isso tivemos certos deslizes, e não nos podem culpar por isso. Resultou uma revisão de *O Inspetor*, mas, é claro, não foi levada a cabo.

... Quanto à técnica do ator, para não coincidir com o estilo do *vaudeville*, tínhamos que declarar de uma vez por todas: nesta encenação vamos superar os procedimentos assim chamados "brincadeiras próprias do teatro" (termo bem conhecido de todos que conhecem mais ou menos a técnica da comédia italiana de máscaras), superar aquilo que, por assim dizer, floresceu livremente no período em que o *vaudeville* reinava sobre a cena. No contexto da técnica moderna do ator, podemos superar estas brincadeiras, sem dúvida, no plano de um realismo autêntico, mas, camaradas, não um realismo teatral que ainda não pôde se livrar da falsidade e do clichê.

... Nenhuma tendência exige de nós tanto cuidado como a do realismo. Devemos apresentar em cena só aquilo que pode surgir como uma verdade autêntica. Com relação a isto já cometi muitos erros que reconheço com toda sinceridade. Não é fácil superar uma técnica que pesa sobre nossos ombros como uma pedra pesada, devido à ausência entre nós de uma escola, uma verdadeira escola

---

87. Meyerhold cita aqui uma frase da carta que Gógol enviou a S. Aksákov de 5 de março de 1841 onde escreve: "É preciso eliminar certas características dos papéis que se encontram no início do livro da primeira edição".

teatral, uma vez que aqueles que se dedicam à pedagogia são apenas atores e encenadores que trabalham no palco, que têm participação mais ativa em nossa vida teatral e por falta de tempo dedicam à escola apenas o seu lazer. É claro que nestas condições temos dificuldades incríveis. Quando se criarem institutos pedagógicos teatrais e toda uma série de eminentes técnicos do palco deixarem o teatro para se dedicarem, talvez durante décadas, exclusivamente a uma escola – é possível que consigamos alguns resultados. Mas neste momento, qualquer cabo que segure um bastão rege o destino do teatro porque, neste sentido, não chegamos a nada de sensato.

Quais são então os procedimentos de interpretação particularmente exemplares para nós, quando falamos desta verdade autêntica? Citarei apenas dois nomes e vocês compreenderão o que estou falando. Quando vocês vêem na tela um dos últimos trabalhos de Charlie Chaplin ou de Douglas Fairbanks[88], o que surpreende é eles escolherem a partir de milhares de fatos possíveis, justamente o que mais salta aos olhos, na natureza, no ambiente, na vida cotidiana. De todos os fenômenos elegem somente o que pode soar como verdade – não apenas para uma pessoa, mas também para o coletivo, para a massa. Eles se dirigem a uma sensibilidade coletiva, notem bem, coletiva.

O que me anima em nosso *Inspetor* é que nele existe esta verdade que tem legitimidade nas massas. E quase todos os críticos moscovitas, como que concordes, começaram a gritar que nosso *Inspetor* é uma verdadeira profanação, que *O Inspetor* é um Gógol deformado, que *O Inspetor* de Meyerhold só o diabo sabe o que é, que por causa deste *Inspetor* é preciso exilar Meyerhold da Rússia, que é preciso mandá-lo para o inferno, onde quer que esteja! Escreveram as coisas mais inverossímeis. Enquanto isso, dia após dias, nosso teatro que comporta, se não me engano, 1200 pessoas continua lotado, lota dia após dia, apesar das opiniões pessoais dos críticos que as expressam sem qualquer argumentação. Mas os soldados do Exército Vermelho interrogados pelo *Komsomólskaia Pravda* e os espectadores tirados da massa, em oposição aos críticos, afirmam que é um espetáculo muito alegre, muito dinâmico, muito cinematográfico[89]. Isto me deixa muito contente. Chamei a atenção dos atores para aquela verdade que é preciso buscar em si próprio, deduzi-la

---

88. Trata-se provavelmente dos filmes de Fairbanks: *Robin Hood*, 1922, *The Thief of Bagdad*, 1924, *Don Q*, 1925. E os de Chaplin: *Pay Day*, 1922, *The Pilgrim*, 1923, *The Gold Rush*, 1925.

89. Meyerhold faz alusão ao artigo de M. Bronkov, "O Espectador-Soldado Vermelho sobre *O Inspetor* de Meyerhold" (*Komsomolskaia Pravda*, 18 dezembro 1926), onde, entre as opiniões dos soldados vermelhos sobre a encenação, destacam-se "a grande importância social do espetáculo", "a atenção que se prende ao ritmo rápido", "a maquinização", "uma orientação ao cinema".

de suas próprias observações e transportar para a "tela", transportar apenas aquilo que soa efetivamente como uma verdade para a opinião coletiva. E este procedimento de interpretação com uma escolha parcimoniosa de gestos, uma escolha de sorrisos e de ângulos de tomada – somente aqueles que puderem ser imprimidos na película muito sensível de uma câmara cinematográfica – apenas isto é o que escolhemos. Mas é claro que há uma tentação constante e colossal dos atores em se desencaminharem: ainda querem de algum modo se expressar e se manifestar através daquele mesmo *grotesco* num espetáculo livre, anárquico, desorganizado e fugir do método certo, o ângulo exato numa obra bem apreendida e bem montada.

Bríussov disse uma mentira quando declarou que Gógol é um romântico que não vê as coisas com sensatez, mas que unicamente as exagera[90], e foi ele quem difundiu esta opinião, bastante em moda em seu tempo, de um Gógol criador de hipérboles. Mas a questão é que vimos em Gógol aquele fantástico que caracteriza um outro notável criador de obras de gênero semelhante: Hoffmann, que encontrou um jeito de apresentar uma vendedora de maçãs com um pequeno rabo debaixo da saia. Isto não significa que tenhamos que apresentar um diabo de saia. Isto significa apenas que Gógol conseguiu mostrar um tipo do mundo peculiar a si próprio como real, mas mesclado com certo fantástico – não com o misticismo, mas com o fantástico. Trata-se apenas daquele esforço que faz o cérebro humano para alargar os limites do cotidiano. O grande realista Lenin era o mais notável fantasiador [aplausos], porque nos fatos mais cotidianos, nas coisas mais corriqueiras soube ver tarefas grandiosas e um horizonte grandioso que se lhe apresentava num futuro distante, mas que ele segurava firmemente em suas mãos, pois via isto no mundo do real! Porque ver o fantástico no mundo real não significava, como afirmam alguns críticos, tornar-se místico, mas significa ampliar os limites da vida pequeno-burguesa e mergulhar nessa alegria de viver que somente se produz no mundo do real [Aplausos].

Nossa escolha das variantes está certa. Para a escolha das variantes sempre nos detivemos naquelas que melhor definem o caráter a partir do discurso, a assim chamada "fala" do discurso. Aqui, camaradas, darei um pequeno exemplo para que saibam do que se trata.

---

90. Em seu discurso sobre Gógol de 27 de abril de 1909, V. Bríussov considerava como "traço fundamental da alma de Gógol" a sua "tendência ao exagero, à hipérbole". Recusando-se a "considerar Gógol um realista coerente, em cujas obras se refletiria fielmente a realidade do seu tempo", Briússov afirmava que "Gógol, embora se esforçasse por ser escritor de costumes, sempre se transformava num sonhador, num fantasiador e, de fato, refletia em suas obras apenas o mundo ideal de suas visões" (Revista *Vesí*, Moscou, nº 4, 1909).

Meyerhold e o ator Gárin.

Gógol, numa carta a Chtchépkin, pedia para que o intérprete pronunciasse suas palavras "sobretudo de maneira volumosa, clara, granulosa"[91]. E por acaso vocês já ouviram, camaradas, alguma vez no palco, atores que, ao representar Gógol, pronunciem as palavras de maneira volumosa, clara, granulosa? Mais adiante ele escreve:

> Esforce-se de antemão, durante a leitura de seu papel, por pronunciar com firmeza cada palavra com uma linguagem simples, mas penetrante – quase como um chefe de oficina fala a seus trabalhadores, quando os repreende ou os reprova por aquilo de que realmente são culpados. Seu grande pecado é que você não sabe pronunciar com firmeza cada palavra: é por isso que você não domina completamente o seu papel. No prefeito você está melhor do que em todos os outros papéis, justamente porque você sentiu a necessidade de falar de maneira mais expressiva.

É claro que ainda é difícil para um ator que ontem interpretava uma bobagem qualquer de Romachov[92], ou de qualquer outro autor, um ator que ainda ontem falava a linguagem do jornal ou a linguagem das comadres que ficam escutando às escondidas nos tribunais – ainda lhe é difícil escapar disso e dar conta da música do discurso gogoliano. Escutem só que maravilhas há no texto de Gógol. Khlestakóvv diz por exemplo: "Organizamos um *whist* em nossa casa: o ministro de assuntos estrangeiros, o cônsul francês, inglês, alemão e eu" – toda uma passagem construída com a letra "S"[93]. Ou o diálogo entre Ukhovértov e o prefeito:

> *Ukhovértov*: Mandei o inspetor de bairro Púgovitsin com os subalternos limpar o passeio.
> *Prefeito*: E o Derjimorda, onde está?
> *Ukhovértov*: Derjimorda foi com os bombeiros.
> *Prefeito*: E Prókhorov está bêbado?
> *Ukhovértov*: Bêbado.
> *Prefeito*: Como é que vocês agüentam isto?
> *Ukhovértov*: Só Deus é quem sabe. Ontem houve uma briga fora da cidade – foi lá a fim de restabelecer a ordem e voltou bêbado [*risos*][94].

91. Carta de 24 de outubro de 1846.
92. Boris Romachov (1895-1958), autor de uma das primeiras obras sobre a industrialização e criador das primeiras comédias soviéticas encenadas pelo Teatro da Revolução.
93. A transliteração da frase em russo evidencia o jogo sonoro:

у нас и вист составилси: министр иностранных дел, французский посланник, английский, немецкий посланник и Я.

Transliterando: "U nás i vist sostávilsia: ministr inostránikh diél, frantsuski poslanik, anglíski, nemétski poslanik i iá".

94. O ator que interpretava Ukhovértov pronunciava o "r" como "rrr" (triplicando o som "r"), o que suscitava uma associação com o apito de um policial. Meyerhold também pronunciava as réplicas dessa maneira, o que, evidentemente em

Vocês estão vendo que pérolas Gógol esparramou no *Inspetor Geral*. Por acaso vocês já atentaram para isto – as letras "S" e "R", sua articulação – firme, granulosa, volumosa? Diante destas particularidades do texto, a dificuldade para o ator é extraordinária, pois tudo o faz recuar para trás, para a assim chamada verossimilhança, simplesmente sem sentido se por verossimilhança entende-se aquilo que se faz hoje no palco, porque tal verossimilhança é uma falsidade absoluta, uma incapacidade total de agarrar a personagem, por assim dizer, à unha e o desejo constante de afundá-la em detalhes.

Quanto à escolha das variantes com as quais dotamos nosso novo texto cênico, o importante é que só agora nas academias despertaram e estão se ocupando desta questão. Compreenderam que é preciso, enfim, examinar esta abundância de variantes, na qual tem sido tão difícil nos orientarmos. Se tivéssemos esperado os acadêmicos, não teríamos encenado *O Inspetor Geral* nem em 1926, nem em 1936, para seu centenário! Mas o fizemos na medida de nossos conhecimentos e de nossa habilidade.

Depois, nos dizem, sempre a propósito das variantes: "Permita-me dizer, é um sacrilégio. Como é que pode ser assim! Ora, Gógol anulou isto, jogou no lixo, e aí, veio Meyerhold, tirou de novo este texto do lixo e obriga o prefeito a pronunciá-lo!" Tais críticos esqueceram de ler com atenção tudo o que se escreveu a propósito de *O Inspetor*. Para isto não é preciso em absoluto passar horas sentado diante dos arquivos, basta uma meia horinha na biblioteca, pois já se publicou muita coisa há muito tempo sobre este assunto.

Com freqüência não era Gógol quem fazia as supressões – sabe-se bem que os censores da época de Nicolau I simplesmente suavizavam ou mesmo suprimiam certas expressões que lhes pareciam indecentes, ofensivas ao pudor ou, de um modo geral, inadequadas na conversação das personagens. Pois imaginem vocês, camaradas, que tipo de público havia nessa época neste mesmo teatro Aleksandrínski, que figurões sentavam aqui, que uniformes bordados, que *toilettes* viu este notável edifício! É natural que Gógol tremesse perante este público e se dispusesse a revisar o seu texto de acordo com os pontos de vista dele e em função do conflito com a censura. Gógol conhecia bem a Terceira Secção[95] – e vocês acham que ele era tão bobo de levar sua obra para a imprensa sem consultar antes

russo, soa de forma muito estranha e curiosa. O encenador demonstra aqui que o seu trabalho cênico levava em conta, antes de mais nada, a estruturação da linguagem gogoliana repleta de jogos sonoros, trocadilhos e os mais variados matizes lingüísticos com que Gógol tecia o discurso de seus textos.

95. A Terceira Secção da Chancelaria do Tzar, criada por Nicolau I e encarregada da polícia política, existirá de 1826 a 1880 e se ocupará também da censura teatral.

seus amigos mais experientes? É claro que estes seus caros amigos falavam com ele e o aconselhavam. Verificou-se, inclusive, que muitas das correções nos originais de Gógol não foram feitas por seu próprio punho.

... Dizem que Meyerhold cometeu um sacrilégio porque eliminou aquele riso do qual, de repente, todos têm saudades, e que com este riso ter-se-ia suprimido o próprio Gógol! Mas de que riso se trata? Se for o riso vazio do *vaudeville*, da farsa, este riso Gógol jamais o desejou. Isto se pode observar em várias de suas cartas.

Gostaria de dizer ainda algumas coisas de extrema importância.

O mais importante é com respeito a Khlestakóvv. Pois nos disseram que Khlestakóvv é antes de mais nada um homem extremamente vazio e este homem vazio, estúpido, vê-se em circunstância tais que o tomam por um inspetor. É disso que tudo decorre. Aquele mesmo Gógol em 1846 (embora eu esteja "prisioneiro da alma noturna de Gógol") escreve a Sosnítski o seguinte:

> Sem dúvida é preciso interpretar este papel na forma de um homem da alta *comme il faut*, e de nenhum modo como um mentiroso e embromador, mas, ao contrário, com o desejo sincero de interpretar o papel como se ele estivesse num grau superior ao seu próprio, de maneira que no final de tudo apareça de forma evidente tanto o mentiroso, como o infâme, o covarde e o embromador sob todos os aspectos[96] [etc.].

Pois fica perfeitamente claro, camaradas, que há aqui uma indicação de que se trata decididamente de um tipo de aventureiro muito especial.

... Tikhonrávov se surpreende como um cidadão de São Petersburgo, como Khlestakóvv, para quem Óssip compra entradas para o teatro logo que aparece o dinheiro, não sabe o que é comédia e pergunta[97]: "Comédia? Mas o que é comédia?", e depois diz: "Comédia é a mesma coisa que artilharia"[98]. É claro que Klestakóv sabia o que é uma comédia e seria ingênuo pensar o contrário. Mas esta passagem mostra um traço de Khlestakóvv que nunca se interpretou e que é preciso interpretar. É, em princípio, um mistificador e um aventureiro. Se for assim, isto quer dizer que podemos ampliar ainda mais as possibilidades de ridicularizar Khlestakóvv, quer dizer que não estamos simplesmente diante de um fanfarrão qualquer que por acaso tenha caído naquela situação.

---

96. Carta de 2 de novembro de 1846.
97. Referência a N. Tikhonrávov, "Ensaio sobre a História do Texto da Comédia de Gógol *O Inspetor Geral* em *O Inspetor Geral – Comédia em Cinco Anos, Primeiro Texto Cênico*, Moscou, 1886, baseado em manuscritos de Gógol.
98. Estas réplicas da primeira variante cênica foram incluídas no texto do espetáculo de Meyerhold.

Ora, por que será que aos invés de uma cidadezinha provinciana abandonada, ao invés de uma Tchukhlomá[99], a cidade apareceu quase como uma capital? Eis o por quê. Nós nos dissemos: esta obra foi escrita por um autor cujas declarações estão numa porção de cartas absolutamente sinceras, onde se diz de forma direta: "Na realidade, não conheço a vida provinciana tão bem, gostaria de representar aquilo que vivo agora. Conheço melhor a vida da capital" (a citação é aproximada)[100]. Declarava isto justamente no período em que escrevia *O Inspetor Geral*. Via esta vida provinciana através do prisma da vida da capital. Existe, é claro, em cada uma de suas personagens o reflexo da burocracia de Petersburgo daquele tempo. Aqui está todo o encanto e o prazer do novo enfoque de *O Inspetor Geral*. Era tentador demais fazer isto. Era tentador mostrar no palco não uma cidadezinha provinciana abandonada, mas fazer com que cada um pudesse facilmente perceber ali os tipos da capital, contemporâneos de Gógol.

"A vida petersburguesa está viva diante dos meus olhos, suas cores estão vivas e fortes em minha memória. O seu menor traço..." etc. Assim escrevia Gógol em 15 de maio de 1836. "Imagino o que teria sido se tivesse tomado qualquer coisa da vida petersburguesa que me é agora mais e melhor conhecida do que a provinciana" – isto em 29 de abril de 1836 – então, quando ele trabalhava no *Inspetor*, tinha muita vontade de representar alguma coisa da vida petersburguesa.

Agora, quanto à cena muda que desconcertou a tantos. Gógol escreve a Chtchépkin em 1846 (24 de outubro). "Preste especial atenção à cena final. É indispensável que seja como um quadro, um quadro impressionante. O prefeito deve estar completamente aturdido e de modo algum ridículo".

Então vejam, camaradas, quando o quadro se desenvolve, oferecemos com efeito uma cena muda, tal como sonhava Gógol, e que tem realmente por objetivo antes de mais nada "impressionar"; então percebemos que toda vez, mesmo que não terminemos o espetáculo antes da meia-noite e cinco[101], o público inteiro permanece nos lugares, todo mundo – e ainda demora muito tempo para começar a aplaudir o espetáculo porque o próprio público fica em

---

99. Tchukhomá é uma cidadezinha da província de Kostromá, muito distante e isolada.

100. Gógol escreveu a M. Pogódin em 15 de maio de 1836. "A província já surge fraca em minha memória, os seus traços estão pálidos, mas a vida petersburguesa está viva diante de meus olhos, suas cores estão vivas e fortes em minha memória. Basta o seu menor traço – e aí então esses meus compatriotas ganham vida!"

101. Os espetáculos começavam às 8 horas da noite, e portanto, o espetáculo de Meyerhold durava por volta de quatro horas.

estado de choque. E depois, se os que fazem a cena muda são bonecos ou não, isso vai ficar em segredo – o que é que vocês têm com isso?

Dizem-nos: "Que história é essa? Isso está cheio de mística". Mas para que ver aqui alguma mística? Dizem: "Se forem bonecos – é misticismo" [risos]. A esta gente que diz que sou místico, que me acusa de ter feito também aqui um espetáculo místico, conto a seguinte anedota. Uma pessoa vem me visitar. Em meu quarto está acesa uma lâmpada num abajur verde que difunde uma agradável penumbra, e na parede branca estão penduradas minhas calças [risos]. Esta pessoa diz: "Sabe, vim à sua casa a negócios, mas aqui tem uma lâmpada num abajur verde, e lá na parede tem algo pendurado" (Sabe-se que são minhas calças) [Risos]. "Vou continuar a conversar com você só depois de você tirar aquilo dali, pois está parecendo alguém enforcado" [Risos prolongados. Aplausos]. Pergunto a vocês, quem de nós é místico? Aquele que pendurou as calças? Creio, camaradas, que místico é aquele que tomou estas calças por um enforcado [risos]. Pois vejam com que gente se é obrigado a lidar!

Ou, digamos, o erotismo. Vi todo tipo de espetáculos. Tive mesmo o prazer de estar em Paris e ver este mesmo erotismo nos teatros parisienses, no "Moulin Rouge" em Montmartre, enfim, vi também espetáculos aqui entre nós, na URSS. E não sei, se por acaso ou não, mas havia neles elementos eróticos, por exemplo na *Lisístrata*, no Estúdio Musical do Teatro de Arte. Em nenhuma crítica os atacaram pelo erotismo; mas é só eu montar *O Inspetor*, para que, imediatamente, encontrem erotismo. Não compreendo absolutamente: onde é que está aqui o erotismo? Isto está parecendo com aquela história das calças. Há gente que, provavelmente, também vê erotismo em qualquer cena.

... Quer dizer que estes são meus três "pecados mortais": misticismo, erotismo e espírito associal. Ora, é claro, compreende-se: se não passam pelo palco bandeiras vermelhas e não se canta a *Internacional*, e se não há *slogans* que acompanhem o espetáculo, então dizem: "*O Inspetor* não é revolucionário". Mas os que dizem isto são mais uma vez aqueles que sofrem de daltonismo, e que não conseguem enxergar sem essas bandeiras a densidade revolucionária desta obra.

... É evidente que em sua época *O Inspetor* foi de ponta a ponta uma peça revolucionária e só agora podemos montá-la, representá-la e percebê-la como tal.

Isso é tudo o que queria lhes expor em meu informe [Aplausos].

Parte II: A Síntese de uma Poética Teatral

Arlete Cavaliere

2. O Grotesco Cênico de Meyerhold

> ...*Gógol tomava como cômico, mas Púchkin percebeu de imediato que não se tratava de comicidade, mas de alguma outra coisa.*
>
> MEYERHOLD

Parece ter ficado evidente através do material traduzido que Meyerhold partiu do texto de Gógol, conduzindo-o, tanto a partir das réplicas quanto dos comportamentos analisados e trabalhados, a uma espécie de ponto máximo, um grau máximo de expressão que se refletirá, por diversas vezes de maneira bastante clara, na composição dos episódios e no plano da realização da metáfora cênica.

Os elementos trágicos e cômicos, essas duas correntes estilísticas que estão na base da escritura gogoliana, são conduzidos por Meyerhold a seu ponto limite, como se todo o encadeamento dramatúrgico se refletisse sobre o palco através de um grande espelho deformante que, sobretudo, aumentasse suas proporções estéticas e oferecesse ao receptor uma nova imagem correspondente, talvez, a um novo modo de percepção, a uma nova óptica de um outro espectador formado por uma nova e agigantada história, e para o qual Meyerhold se dirigia, sabedor que era das novas exigências desse novo público.

Portanto, resulta no palco também um novo gênero cênico: *O Inspetor Geral* de Meyerhold, com suas linhas estéticas "deformantes" e "deformadas", suas proporções aumentadas e suas imagens "exageradas" e de traços "distorcidos" aponta certamente para uma espécie de "bufonaria trágica" que o próprio Meyerhold já tentava definir, em seus escritos teóricos de 1912, onde trata a questão do grotesco cênico.

No início de 1913 esses escritos foram reunidos por Meyerhold num livro intitulado *Sobre Teatro* (*O Teatre*)[1] onde pela primeira vez traçava, através de uma coletânea de artigos, alguns inclusive já publicados anteriormente de forma esparsa em revistas e jornais, a evolução de suas idéias sobre a essência do teatro, tomando como base suas encenações durante um período de quase dez anos.

A primeira e a segunda parte do livro estão ligadas de forma evidente aos seus trabalhos de encenação dos anos 1905-1910 e a terceira, e última parte, esboçam as formulações teóricas de Meyerhold estreitamente vinculadas às suas experiências teatrais mais recentes (por volta de 1912) e à busca constante de métodos e técnicas que resgatassem à arte teatral seus elementos primordiais: o impacto da máscara, do gesto, do movimento e, sobretudo, o valor estético da técnica e do jogo do ator. Esses postulados de 1912 acompanhariam o trabalho do encenador russo até o final de sua carreira, a despeito das diferentes experiências teatrais que marcaram sua produção artística.

Portanto, o que se observa em *O Inspetor Geral* de 1926 é a formalização cênica, talvez a melhor síntese dentre todos os seus trabalhos, de muitas das propostas estéticas que já integravam essa sua coletânea de 1912.

No que se refere à criação do grotesco cênico, sem dúvida alguma, o encenador alcançava com a montagem da peça de Gógol a sua mais plena concretização.

Como se viu, o espetáculo está submetido a uma construção orgânica rigorosa. Porque, para Meyerhold, o grotesco cênico havia sido entendido, principalmente durante os anos 20, pela crítica e pelos criadores, como uma categoria estética "menor", uma criação artificial e, sobretudo, inarticulada e anárquica. O próprio Meyerhold opunha-se à denominação de *grotesco* atribuída à literatura de Gógol, por exemplo, se isto significasse uma vulgarização do estilo e da poética do autor, transformados numa simples utilização de ambiguidades, de caretas e trejeitos, fraturas caricaturescas que nada tinham a ver com a estrutura simples e orgânica sobre a qual ele buscava edificar uma gigantesca síntese da obra gogoliana através

---

1. O conjunto de textos *O Teatre* (*Sobre Teatro*) está publicado no primeiro dos dois volumes que integram a coletânea dos escritos do encenador preparada por A. Fevralski: V. E. Meyerhold, *Státi, písma, retchi, bessedi* (*Artigos, Cartas, Discursos, Conversas*), Moscou, Editora Iskustvo, 1968, vol. I (1891-1917), vol. II (1917-1939).

de todo um sistema de ritmos e contrastes[2]. É na terceira parte do livro, dedicada ao estudo do teatro de feira que Meyerhold torna claras suas concepções sobre o *grotesco*.

Antes de mais nada, o que interessa ao encenador destacar é a arte do gesto e do movimento inerente aos procedimentos técnico-expressivos dos teatros de feira e amplamente utilizados na composição das personagens de seu *Inspetor Geral*.

Tomando como elemento de análise o teatro de marionetes, Meyerhold constata que o que diverte o público essencialmente é o fato de que os movimentos e as situações dramáticas das marionetes, a despeito da intenção de reproduzir a vida no palco, não apresentam absolutamente nenhuma verossimilhança com aquilo que o público vê na vida. Porém, o que fascina o público não é a reprodução da realidade tal como ela é, e, sim, a instauração de um mundo encantatório, com gestos tão expressivos, ainda que inverossímeis, submetidos a uma técnica particular, uma espécie de mágica cênica e que resultará numa harmonia plástica, dona das leis específicas de composição. A marionete, segundo ele, não precisa se identificar completamente ao homem-real, pois o mundo que ela representa é o mundo particular da ficção e o homem que ela também representa é um homem inventado, criado sobre um tablado que circunscreve um universo cuja harmonia advém não das leis da natureza, não da cópia, mas da pura e simples criação artística[3].

Meyerhold vê nos princípios do teatro de feira, nas suas marionetes e no poder mágico de suas máscaras, a revitalização do teatro contemporâneo, apoiando-se, principalmente, na idéia de que a arte do ator deve estar fundada, antes de tudo, no jogo das máscaras, dos gestos e dos movimentos que sempre encantou em várias épocas o povo das praças públicas com suas bastonadas, suas acrobacias e suas brincadeiras.

Mas se o grotesco nasce da face cômica das farsas populares representadas nas feiras pelos atores ambulantes de todos os tempos, ele corresponde também à outra face do riso, o silêncio que oculta a tragédia eterna da humanidade e que esconde seu sofrimento por detrás das gargalhadas para, talvez, contrabalançar de forma audaciosa a decadência trágica dos tempos. Meyerhold encontra no ritmo

---

2. Lembre-se a colocação de Meyerhold no texto "Informe sobre o *Inspetor Geral*" de 1927: "Mas é claro que há uma tentação constante e colossal dos atores em se desencaminharem: ainda querem de algum modo se expressar e se manifestar através daquele mesmo *grotesco* num espetáculo livre, anárquico, desorganizado e fugir do método certo, o ângulo exato numa obra bem apreendida e bem montada" (cf. acima, "Informe sobre o *Inspetor Geral*", p. 74).

3. V. Meyerhold, *O Teatre, op. cit.*, pp. 215-216.

contemporâneo, na alucinação das novas e grandes descobertas e na velocidade febril de todas as mutações o terreno fértil para o teatro grotesco onde o cômico e o trágico se revezam, alternam-se diabolicamente, para fazer a cena resvalar, de um minuto para outro, da mais terna e sentimental cantiga para a mais cruel e violenta sátira.

O grotesco para Meyerhold é um meio de expressão por excelência de uma época de transição e se caracteriza em seu teatro por certos traços fundamentais que reúnem numa só totalidade as pesquisas pré-revolucionárias do Doutor Dappertutto-Meyerhold[4], cujos resultados aparecem no *Inspetor* em 1926, depois de terem sido experimentadas pelo teatro político e engajado, diante do novo espectador e de um público popular nascido da Revolução.

Trata-se de um procedimento artístico extremamente concreto que, sem ser de nenhuma forma sobrecarregado de detalhes ou elementos supérfluos, fala diretamente aos sentidos: o resultado cênico é marcadamente visual e/ou auditivo, mas sua organicidade advém de uma conduta criadora profundamente racional, orientada por um sistema claro de propostas estéticas na organização, na construção e na composição de seus elementos.

O grotesco cênico de Meyerhold se origina na oposição de diversos tipos de contrastes: no plano da dramaturgia, do jogo do ator, da própria encenação. Assim, a percepção do espectador é constantemente desperta, abalada por um deslocamento contínuo de planos, uma ruptura permanente, pressentida ou imprevista por dissonâncias representadas cenicamente.

O Inspetor consubstancia cenicamente o jogo essencial da escritura grotesca gogoliana marcada predominantemente pela presença de elementos cômicos e trágicos, elementos reais e fantásticos, que se fundem uns com os outros, por vezes uns se submetendo aos outros, mas sempre presentes num sistema de coexistência mútua, segundo as proporções de uma alquimia sútil que o escritor soube encontrar. Ao invés da simples sátira caricaturesca com a qual havia se habituado a tradição teatral até então, Meyerhold, detentor também dessa fórmula mágica gogoliana, conseguiu levar à cena um procedimento artístico capaz de desenvolver no espectador uma nova recepção estética da peça, caracterizada sobretudo pelo jogo dialético de surpresa alegre e assombro diante da "festa" visual que nos oferece o espetáculo, e ao mesmo tempo pelo distanciamento que daí resulta, em função das inúmeras dissonâncias que

---

4. Doutor Dappertutto foi o pseudônimo teatral que Meyerhold utilizou nos anos de suas experiências mais intensas com a *commedia dell'arte* entre 1913 e 1917, inspirado numa personagem do mesmo nome de *Aventura na Véspera do Ano Novo* de E. T. A. Hoffmann.

vão sendo introduzidas no decorrer dessa insólita "festa"[5]. Acrescente-se a isso o efeito de denúncia, mas também de auto-reconhecimento (será que sou assim?, como que dialogando com a epígrafe da peça: "A culpa não é do espelho se a cara é torta"), aliado a uma profunda desautomatização da percepção habitual do mundo, e nos encontraremos em pleno domínio do grotesco, cuja fruição estética se dá através de uma atividade particularmente viva e uma atitude dialeticamente dupla com relação à cena.

O próprio Meyerhold ao considerar o grotesco o procedimento favorito do teatro de feira chegou a definir o gênero em seu artigo de 1912: "Entende-se por grotesco (italiano *grottesco*) um gênero literário, musical e plástico grosseiramente cômico. O grotesco reproduz no essencial um monstruoso bizarro, é a obra de um humor que associa sem razão aparente os mais diferentes conceitos pois, ignorando os detalhes e jogando apenas com sua própria originalidade, ele se apropria em toda parte somente daquilo que convém à sua alegria de viver e à sua atitude caprichosa e zombeteira em relação à vida. Está aqui um modo de abrir ao criador os mais surpreendentes horizontes"[6].

A essa concepção do grotesco vincula-se a convicção de que é a própria atitude do artista com relação ao mundo que deve orientar a sua criação. "Todos os materiais de minha arte, ao invés de se referirem à verdade do real, provêm apenas do meu capricho de artista"[7]. E lembrando Andréi Biéli, a propósito do conceito de simbolismo, Meyerhold atesta a incapacidade da arte de refletir a plenitude da realidade ou, melhor, as representações e sua mudança no tempo, pois para ele a arte decompõe o real, servindo-se ora de formas espaciais, ora de formas temporais. É a impossibilidade de esgotar o real em toda sua plenitude que funda a esquematização da realidade e, em particular, a estilização. Meyerhold admite que o termo "esquematização" soa como se implicasse um certo empobrecimento da realidade, como se alguma parte se perdesse, alguma coisa de sua plenitude. E portanto o grotesco, como uma se-

---

5. O próprio Meyerhold chegou a se pronunciar claramente sobre esse aspecto: "Quando interpretava *O Inspetor Geral*, o velho teatro caía geralmente num ou outro extremo, igualmente estranhos à comédia de Gógol: em primeiro lugar, esforçava-se por impor a esta peça uma ênfase exagerada, uma hiperbolização excessiva, de tal modo que levava algumas pessoas a imaginarem suas personagens vivendo como aquelas figuras existentes nos pintores *peredvíjniki*. Procuramos levar em conta o descontentamento de Gógol quanto ao tratamento cênico de *O Inspetor Geral* quando levado à cena no Teatro Aleksandrínski em 1836" (cf. acima, "Informe sobre *O Inspetor Geral*, p. 71).
6. V. Meyerhold, *O Teatre, op. cit.*, p. 224.
7. *Idem*, p. 225.

gunda etapa no percurso da estilização, apresenta um método rigorosamente sintético: negligenciando sem compromisso todos os detalhes, cria através de uma "inverossimilhança de convenção" toda a plenitude da vida.

Se a estilização empobrece a vida ao reduzir à unidade típica a riqueza da experiência humana, o grotesco, por seu turno, não se limita unicamente àquilo que é baixo ou elevado, mas associa os contrários, exacerbando conscientemente as contradições e jogando apenas com sua própria originalidade.

A noção de contraste é, portanto, fundamental para engendrar a estética do grotesco. Tomando o estilo gótico de uma catedral como figuração do seu conceito, Meyerhold exemplifica:

O campanário apontado para o céu exprime o *pathos* do homem que reza, enquanto que as saliências de suas diferentes partes, decoradas com figuras monstruosas e terríveis, atraem as idéias para o inferno. A concupiscência animal, a volúpia herética, as monstruosidades insuperáveis da vida, tudo isto parece destinado a preservar a desmesura dos impulsos idealistas e dissuadi-los de se abismar no ascetismo[8].

O que o encenador propõe através dessa ilustração é que da mesma forma que no gótico tudo se equilibra de maneira surpreendente, a afirmação e a negação, o celeste e o terrestre, o belo e o monstruoso, também o grotesco, ao se vincular à expressão da monstruosidade, impede que a beleza resvale para o plano do sentimentalismo fácil. Nessa medida, o grotesco se constitui numa outra via de acesso à expressão do cotidiano: aprofunda-o de modo a conduzi-lo a um plano onde cessará de aparecer como simplesmente natural.

Na vida, ao lado daquilo que vemos, encontra-se ainda uma imensa região indecifrável. Na sua busca do supranatural, o grotesco associa sinteticamente a quintessência dos opostos, cria a imagem do fenomenal, leva o espectador a tentar resolver o enigma do inconcebível[9].

É possível, no entanto, segundo o encenador, manter-se dentro do domínio do drama realista, porém, graças à óptica do grotesco, instaurar uma nova e revivificante representação do cotidiano, plena de efeitos extraordinários. Resultará, assim, um tipo de realismo que obriga o espectador a um certo "desdobramento" para seguir aquilo que se passa no palco. Será este o principal objetivo do grotesco cênico para Meyerhold: manter em permanência no espectador uma atitude dupla em relação à ação cênica que se desenvolve, por sua vez, em movimentos contrastados. O que funda o grotesco é o desejo

8. *Idem*, p. 226.
9. *Idem, ibidem.*

constante do criador de arrancar o espectador do plano seguro no qual se encontra, para projetá-lo para um centro com o qual ele jamais esperaria se defrontar. Sem qualquer razão aparente se lhe apresentam ligados sinteticamente os fenômenos naturais mais dissemelhantes.

Ora, daí decorre que para Meyerhold grotesco não se define apenas por seu matiz cômico, mas existe também o que ele denomina de um "grotesco trágico", baseando-se em exemplos da pintura de Goya, dos escritos de Edgar Allan Poe, e sobretudo, de E. T. A. Hoffmann. O encenador remete à acepção primeira do termo *grotesco* correspondente a uma determinada espécie de ornamentação introduzida pela pintura da Renascença e cujo modelo teria sido encontrado em fins do século XV em escavações feitas nas construções subterrâneas (*grotta* = gruta) da Roma Antiga. Nas termas e nos palácios imperiais, de acordo com o texto de Meyerhold, descobriu-se essa pintura ornamental antiga que tomava a forma de estranhos entrelaçamentos simétricos de plantas estilizadas e de figuras de animais fantásticos, de sátiros, centauros e outros seres mitológicos e, ainda, de máscaras, guirlandas de frutas, pássaros, insetos, armas e vasos[10].

O grotesco cênico advém, pois, dessa primeira acepção do vocábulo tomado do italiano: *grottesca* e *grottesco*, como derivações de *grotta* (gruta). Mas o que parece interessá-lo, antes de mais de nada, é o modo como nesses ornamentos *grotescos* as diferenças entre plantas e animais apresentam-se suspensas e o princípio da estética é levado ao absurdo, quando delicadas linhas verticais têm de suportar ora uma máscara, ora um candelabro, ora um templo. Numa encenação de estilo grotesco como *O Inspetor Geral* vê-se bem a encarnação cênica dessa sua concepção: as pantomimas das personagens e suas transformações e metamorfoses apontam para uma espécie de "inverossimilhança convencional" como aquela das máscaras trágicas antigas fundada na dualidade da própria personagem teatral (tragicômica). Trata-se de um mundo particular onde as ordens da natureza encontram-se anuladas. Da mesma maneira como em Hoffmann, lembra o diretor russo, uma marionete se queixa de ter um mecanismo de relojoaria no lugar do coração, também o que se busca no grotesco é o "motivo de substituição"e, citando o próprio Hoffmann a propósito do desenhista Jacques Callot, nos informa: "mesmo em seus desenhos tirados da realidade (cortejos, guerras) há uma fisionomia totalmente particular, cheia de vida e que dá a suas personagens alguma coisa de familiar e de estranha ao mesmo

---

10. *Idem*, p. 227.

tempo. Sob o disfarce do grotesco, as personagens ridículas de Callot revelam ao fino observador alusões misteriosas[11].

Ainda para ele o que funda a arte do grotesco é a luta entre a forma e o fundo e portanto o grotesco procura subordinar o psicologismo a uma finalidade visual-decorativa: em todos os teatros onde reinou o grotesco, o aspecto decorativo no sentido amplo da palavra tinha um papel fundamental; é o caso, por exemplo, do teatro japonês. Aqui, para Meyerhold, não se trata apenas da ambiência, da arquitetura da cena e do próprio teatro que eram "decorativos", mas também a mímica, os movimentos do corpo, os gestos e as posturas dos atores; sua expressividade residia justamente no aspecto visual-decorativo. Assim, os elementos coreográficos são parte integrante dos procedimentos do grotesco. Somente a dança para ele é capaz de subordinar as concepções grotescas a um fim decorativo: "não é sem razão que os gregos buscaram a dança em todos os movimentos rítmicos, até mesmo na marcha. Não é sem razão que os movimentos do ator japonês ao oferecer no palco uma flor à sua bem-amada lembram uma dama dançando uma quadrilha japonesa (balanços da parte superior do corpo, leves inclinações e rotações da cabeça, gestos graciosos dos braços estendidos à esquerda e à direita"[12]).

Nessa perspectiva, se para Meyerhold a arte do grotesco projeta-se na luta entre o fundo e a forma e, se como vimos, o corpo, suas linhas, seus movimentos harmoniosos descrevem uma expressividade visual significativa por si mesma, como se fossem notas musicais organicamente estruturadas numa peça musical, então nessa luta entre forma e fundo é a forma que triunfará e, segundo suas próprias palavras, "a alma do grotesco se tornará então a alma da cena".

Nessa estética do grotesco formulada em 1912 de forma muito concisa, estão já consubstanciados, por assim dizer, todos os ingredientes de sua alquimia teatral e que podem ser surpreendidos em *O Inspetor Geral*: o fantástico se afirma no jogo com sua própria originalidade; uma alegria transgressora irrompe tanto no cômico como no trágico; acrescentem-se o aspecto demoníaco da ironia mais profunda e elementos tragicômicos dentro do próprio cotidiano: resultará, certamente, a desejada "inverossimilhança convencional" com suas alusões misteriosas, suas substituições e transformações; mas sobretudo será suprimido o aspecto do que é sentimental e débil no romântico e então, a dissonância será elevada à harmônica beleza e no interior do próprio cotidiano é que ele poderá ser suplantado[13].

11. *Idem*, p. 229.
12. *Idem, ibidem*.
13. *Idem, ibidem*.

É preciso destacar e parece mesmo ser consenso absoluto entre críticos e historiadores do teatro soviético, que a montagem de *O Inspetor Geral* de Meyerhold encerra, por assim dizer, a chave para a compreensão de todo o desenvolvimennto de uma estética teatral que o encenador perseguiu em suas mais diferenciadas produções.

Com efeito, essa encenação, mesmo que destacada de forma isolada de todas as outras, nos permite, sem dúvida alguma, detectar os vários procedimentos que configuram a súmula da arte criativa do teatro de Meyerhold.

De fato, depois de vários anos de constante experimentação, ele parece estar apto para efetuar a síntese orgânica de todos os elementos estéticos, métodos e técnicas que vinha experimentando ao longo dos anos em termos de uma nova linguagem teatral.

Se há alguma estética teatral que possa englobar de forma geral a produção artística de Meyerhold e que deu continuidade e consistência conceituais a quase todos os seus trabalhos pré e pós-revolucionários e que, de certa forma, serviu de ligação entre o estudo da *commedia dell'arte* e os desafios da cena contemporânea, essa estética prende-se à idéia meyerholdiana do grotesco.

Suas idéias sobre o tema parecem embasar a grande maioria de suas experiências teatrais já durante a fase pré-Revolução: a pesquisa da *commedia dell'arte*, as improvisações, a pantomima, o simbolismo cênico, enfim, todo o programa de estudo que fazia parte de seu Estúdio-Oficina entre 1913 e 1917.

Mas, além disso, mesmo depois da Revolução e principalmente nos anos 20, todo o seu trabalho, a despeito das diferentes propostas e dos diferentes textos dramatúrgicos que lhe serviram de base, está fundamental e essencialmente orientado para a criação de um grotesco cênico.

Se nos trabalhos imediatamente pós-revolucionários Meyerhold havia subordinado rigorosamente as personalidades individuais das personagens dramáticas à uniformidade da biomecânica construtivista[14], depois de ter buscado na fase pré-Revolução a essência da teatralidade na tradição do teatro popular ambulante com sua acentuada fisicalidade própria ao mimo, ao histrião, ao malabarista, passava agora, através do trabalho de ''revisão'' da dramaturgia clássica russa, a efetuar a síntese do seu teatro poético, retomando elementos da *commedia dell'arte* e do Teatro de Feira, como que para atenuar o grau de abstração da pura biomecânica e do construtivismo cênico da fase anterior, mas no sentido também de propor uma alternativa

---

14. Cf. principalmente os espetáculos: *As Auroras*, texto de Verhaeren montado em 1920, *O Cornudo Magnífico* de Crommelynck, em 1922, *A Morte de Tariélkin* de Súkhovo-Kobílin, em 1922, *Mistério-Bufo* de Maiakóvski, em 1918.

para a linguagem realista, sem cair no chamado realismo social e psicológico, amparando-se para tanto no aprofundamento da pesquisa da sua estética do grotesco[15]. O que se percebe é a superação de formas externas de inovação por um meticuloso trabalho, tal como aparece em *O Inspetor Geral*, orientado para a pesquisa do material dramatúrgico no sentido de revelar a riqueza subjacente de seus conteúdos.

Mas há que se ressaltar: a base fundamental para o teatro grotesco de Meyerhold, tanto em sua fase pré-Revolução como nas produções a partir dos anos 20, o que realmente sustenta a poética teatral do encenador é, sem dúvida alguma, o trabalho de interpretação do ator.

Em 1922, Meyerhold publica, em colaboração com seus assistentes I. Aksenov e V. Bebutov, um "programa" teórico-prático para a sistematização do trabalho do ator, onde o conceito do grotesco aparece mais uma vez como o sustentáculo de suas reflexões[16]:

O grotesco é uma exageração deliberada, uma reconstrução (desfiguração) da natureza, uma união de objetos considerada impossível tanto no interior da natureza quanto em nossa experiência cotidiana, com grande insistência no aspecto sensível, material da forma assim criada [...].
No domínio do grotesco, a substituição da composição esperada por uma composição exatamente contrária, ou a junção de certos procedimentos bem conhecidos adequados para a representação de objetos contrários àquela na qual se aplica esses procedimentos, chama-se paródia.
O teatro enquanto combinação extramaterial de fenômenos naturais, temporais, espaciais e numéricos que, de modo constante, contradizem o cotidiano de nossa experiência, é, em sua própria essência, um exemplo de grotesco. Nascido do grotesco da mascarada ritual, o teatro será inevitavelmente destruído à menor tentativa de suprimir-lhe o grotesco, pois este é o princípio de sua existência.

Parece destacar-se nesse pronunciamento que não se trata apenas da procura de um modo específico de representação cênica como simples alternativa ao realismo-naturalismo, mas trata-se, isto sim, de fazer resvalar da estética do grotesco a essência mesma da arte

---

15. Com *A Floresta*, de Ostróvski, montada em 1924, Meyerhold cumpre o *slogan* "Voltar a Ostróvski", propondo neste espetáculo a contraposição de sugestões figurativas e um refinado gosto de decoração (que aludem à realidade de um ambiente ou de uma época), ao rigor geométrico e o tecnicismo, dominantes nos espetáculos precedentes. Depois de *O Inspetor Geral*, ele também retoma em 1928 um outro clássico de dramaturgia russa, *A Desgraça de Ter Espírito*, de Griboiédov.

16. O texto *Emploi do Ator* de 1922 (não há equivalente para o termo francês *emploi*, utilizado também em russo para designar a especialização do ator num determinado tipo de papel) é um dos pronunciamentos mais importantes de Meyerhold quanto ao método de interpretação baseado nos princípios da biomecânica e sua refutação do método interpretativo de Stanislávski, e será aqui objeto de uma reflexão mais detalhada no capítulo seguinte.

teatral, cuja especificidade de linguagem conduz ao confronto de contradições e à fusão de elementos opostos, síntese dos contrários que essa "deliberada exageração e reconstrução" artística fazem realçar, numa espécie de destilação sintética da própria ambivalência tragicômica da vida humana. Ao teatro, enquanto pura *grotesquerie*, corresponde talvez a vida enquanto mascarada.

3. Uma Poética do Corpo

A dificuldade deste espetáculo consiste no fato de que, assim como em todas as peças deste tipo, pressupõe-se aqui fundamentalmente o ator, e não o encenador.

MEYERHOLD

Em vários dos escritos, breves conferências, artigos e depoimentos de Meyerhold está exaustivamente expressa, com certa convicção, a idéia central de que o teatro, enquanto linguagem artística específica, tem como principal traço distintivo a função do ator, isto é, o trabalho de interpretação do ator enquanto expressão artística que dá sustentação a todo o fenômeno teatral.

É essencial, nessa perspectiva, que a interpretação do ator, como um modo de representação, não se oriente como simples réplica da realidade. De fato, o que funda a virtuosidade do teatro para Meyerhold é, antes de mais nada, a virtuosidade do ator. É através dela que todos os elementos que compõem a linguagem cênica (texto, cenografia, música, figurino) podem se orquestrar num todo orgânico e vivo para resultarem no espetáculo como forma de arte específica.

O Inspetor Geral é considerado, neste sentido, uma de suas mais acabadas realizações. Nesta produção, todas as experiências anteriores com a *commedia dell'arte* e com a biomecânica, resultam num complexo trabalho de expressividade corporal no modo de interpretação dos atores, o que denota o quanto a pesquisa sobre o trabalho do ator dos anos precedentes alcança agora a plena realização do seu teatro do grotesco.

Há nos trabalhos de Meyerhold dos anos 20 um movimento gradativo no sentido de inovação e reelaboração das formas externas de interpretação, baseadas na biomecânica, de modo a revelar e intensificar, cada vez mais agudamente, o conteúdo da peça e o aspecto psicológico dos caracteres. Mas, é claro, que o trabalho do ator estará, ainda assim, orientado para um resultado cênico cuja inovação e surpresa se realizarão sempre na vivificação das formas externas da linguagem cênica.

Ora, isto significa que ao abandonar em *O Inspetor Geral* (e em outros trabalhos dos anos 20) a pura acrobacia biomecânica, o encenador continuava, no entanto, a perseguir um modo de representação não-mimética. Toda a pesquisa teatral anterior sobre o projeto estético do futurismo parece ter lhe servido para revelar os meios de adaptar os conceitos e métodos da *commedia dell'arte* e do teatro de feira para a cena moderna.

O que Meyerhold denomina "realismo cênico autêntico"[1] parece estar amparado nessa transformação e adaptação dos meios técnicos expressivos do ator, concernentes, num primeiro momento, à relação entre o ator e a personagem que ele representa e, num segundo momento, à relação entre o ator-personagem e o material teatral (figurino, maquiagem, objetos cênicos e cenário). O resultado obtido circunscreve um espetáculo de base dramatúrgica mais consistente do que a *commedia dell'arte* e, ao mesmo tempo, com elementos mais "humanizados" e "realistas" do que a biomecânica.

De toda forma, parece evidente já nos seus escritos de 1912 (*Sobre Teatro*)[2], onde trata de questões vinculadas às suas montagens simbolistas, que as palavras no teatro são apenas "uma espécie de esboço na tela para os movimentos". Isto implica a idéia básica que sustentará todo o teatro meyerholdiano: a não observância da supremacia do texto literário no processo de criação cênico-teatral. Por outro lado, o que lhe parece absolutamente essencial, ainda na sua fase simbolista, é o dinamismo da linguagem físico-corporal do ator. O texto literário, portanto, jamais deverá comprometer ou sub-

---

1. Veja-se, a propósito, a colocação de Meyerhold a respeito do modo de interpretação em *O Inspetor Geral*: "Quanto à técnica do ator, para não coincidir com o estilo do *vaudeville*, tínhamos que declarar de uma vez por todas: nesta encenação vamos superar os procedimentos assim chamamos 'brincadeiras próprias do teatro' (termo bem conhecido de todos que conhecem mais ou menos a técnica da comédia italiana de máscaras) superar aquilo que, por assim dizer, floresceu livremente no período em que o *vaudeville* reinava sobre a cena. No contexto da técnica moderna do ator, podemos superar estas brincadeiras, sem dúvida, no plano de um realismo autêntico, mas, camaradas, não um realismo teatral que ainda pôde se livrar da falsidade e do clichê" (cf. acima, "Informe sobre *O Inspetor Geral*", p. 76).

2. V. Meyerhold, *op. cit.*, p. 212 (cf. nota 1 do capítulo anterior).

meter a virtuosidade do ator. Assim, a própria significação só poderá ser comunicada de modo efetivo através da corporalidade em cena. Este é, em última análise, o condutor do fio dramático: é ele que justifica, assim, qualquer remodulação e reformulação do texto escrito, uma vez que cabe ao ator fundamentalmente o desenvolvimento da ação dramática e a expressão do seu significado mais profundo.

Se, numa primeira visada crítica, o produto final, o espetáculo acabado, pode nos parecer radicalmente diferente do material dramatúrgico original, uma análise mais aguda revela que a leitura cênica meyerholdiana como que revirando o texto, revela-o por isso mesmo, de modo mais substancial ao mostrar a outra face, o seu reverso: daí a impressão de que a tragédia transforma-se em farsa, ou que o drama revelado pelo avesso, a partir do seu aspecto mais excêntrico, configura-se como comédia.

A sua idéia básica de que a linguagem teatral deve se afastar dos moldes da cena realista está embasada, sobretudo, na reestruturação do espaço cênico, uma vez que a arte do encenador será fundamentalmente a de projetar no espaço aquilo que o dramaturgo só pode projetar no tempo, já que a literatura é uma arte basicamente temporal.

O excesso da cena realista/naturalista havia sobrecarregado o palco pela acumulação de detalhes pseudo-arqueológicos que, em última análise, segundo ele, desviava a atenção do público e comprometia a percepção do conjunto cênico e do próprio drama que se desenrola.

Interessa a Meyerhold a harmonia dos meios de expressão cênica através de uma rigorosa articulação, e não a acumulação de detalhes e o excesso arqueológico que acabavam por criar um fundo descritivo sobre o qual o ator simplesmente funcionava como mais um "detalhe" de decoração.

Meyerhold não podia conceber um palco onde o ator parecesse mais um intruso e a quem, conseqüentemente, não se destinava o espaço cênico. Por isso, opõe-se de modo radical a uma cenografia que não estivesse criada e concebida unicamente para colocar em evidência os movimentos e o trabalho do ator.

A proposta meyerholdiana vincula-se, certamente, à idéia da impossibilidade da arte como imitação da realidade. Parece-lhe inadequada para a arte teatral a busca de uma ilusão fundamentada na imitação da ação, e mais, do lugar onde se desenvolve a ação. Perseguir a ilusão da realidade no palco significava para ele a negação da própria arte teatral. O desenvolvimento cenotécnico do teatro pós-naturalista vem recolocar, por exemplo, a questão da iluminação enquanto signo cênico, uma vez que as suas novas possibilidades a partir dos inícios do século XX conduziriam, segundo as concepções e a prática cênica meyerholdianas, a uma espécie de acordo plástico muito mais expressivo entre o espaço cênico, enquanto efeito de visualização e a realidade tridimensional do corpo do ator.

Em 1912, num dos artigos que compõem *Sobre Teatro*, Meyerhold afirmava:

> O corpo humano e os acessórios ao seu redor, mesas, cadeiras, camas, armários, tudo isso é tridimensional; é por isso que o teatro, cujo ator constitui a base fundamental, deve se apoiar nas descobertas das artes plásticas. A estatuária plástica deve ser fundamental para o ator[3].

A busca, portanto, de uma "harmonia" cênica naturalista, através de uso de telões pintados e figurações planas, conduziria, segundo o encenador, a uma dissociação entre o corpo humano tridimensional e esse fundo decorativo.

> Se o novo teatro recusa o telão decorativo, não recusa os procedimentos do teatro da convenção. Mas o procedimento da expressão deve ser arquitetural, ao contrário do antigo (teatro tradicional) que era pictórico [...] uma vez que o pintor se situa sobre uma superfície plana onde ele não deixa entrar nem o ator e nem os objetos, então o ator e o pintor – não teatral – têm exigências diferentes[4].

A ilusão, como se vê, não pode estar fundamentada nas imagens decorativas e bidimensionais impressas no espaço cênico, mas, isto sim, na presença viva e tridimensional do ator, força motriz da criação do próprio espaço teatral.

Ao longo de toda sua trajetória, nas diversas fases e diferenciadas encenações de sua carreira, Meyerhold jamais deixou de investigar uma ordem ou mesmo, uma espécie de hierarquia na estruturação dos procedimentos da linguagem espácio-visual do espetáculo teatral, capazes de resultarem numa harmonia profunda entre o drama (o texto) e sua materialização visual.

Aliás, desde a época em que Meyerhold dirigia, em 1905, o Teatro-Estúdio ainda, sob certo sentido, vinculado ao Teatro de Arte de Moscou de Stanislávski, já se delineava a necessidade de uma autonomia estética, já que, segundo o encenador, o naturalismo não correspondia mais nem às novas formas contemporâneas da arte dra-

---

3. *Idem*, p. 137. Meyerhold retoma basicamente essa mesma concepção em 1927 num "Informe sobre *O Inspetor Geral*": "É com especial prazer que declaro que, na minha opinião, cada objeto começa a viver em sua dinâmica própria, sim, cada objeto começa a viver como se tivesse nervos, coluna vertebral, como se tivesse carne e sangue. Pois esta incorporação do objeto e do ator em relação recíproca aponta aqui para um novo problema que, evidentemente, sob um plano experimental, cada vez mais vem se elaborando" (cf. acima, "Informe sobre *O Inspetor Geral*", pp. 75-76.

4. V. Meyerhold, *op. cit.*, p. 137.

mática e tão pouco ao espectador contemporâneo que exigia outros procedimentos técnicos.
Em 1907, escrevia:

> O Teatro de Arte conseguiu chegar à virtuosidade no plano do naturalismo e da simplicidade natural da interpretação. Mas surgiram dramas que exigem novas técnicas de encenação e de interpretação. O Teatro-Estúdio deve tender para a renovação da arte dramática através de formas e de técnicas novas de interpretação cênica[5].

Nascia assim, junto às pesquisas do Teatro-Estúdio, um dos princípios fundamentais que acompanhará toda a práxis teatral de Meyerhold e que constitui o embasamento estético do seu teatro: o princípio da estilização, que servia de fundamento, inicialmente, para as pesquisas cenográficas do Teatro-Estúdio em 1905, e acabará por se constituir no traço distintivo do "teatro da convenção", postulado em sua fase simbolista.

> Por "estilização" [explica Meyerhold] entendo não a reprodução exata do estilo desta época ou daquele acontecimento, como fazem os fotógrafos com suas fotos. O conceito de estilização está, na minha opinião, indissoluvelmente ligado à idéia de convenção, de generalização e de símbolo. "Estilizar" uma época ou um fato significa exprimir através de todos os meios de expressão a síntese interior de uma época ou de um fato, reproduzir os traços específicos ocultos de uma obra de arte[6].

Ora, o princípio da estilização, a partir do qual o encenador define suas pesquisas teatrais desde os inícios do século, não se contrapõe, mas pelo contrário, está em perfeita sintonia com a investigação do grotesco teatral.

Além disso, o rompimento com o naturalismo cênico, o estudo minucioso da técnica dos movimentos baseada nos princípios básicos da *commedia dell'arte* italiana e dos teatros de feira russos, aliados ao método de disposição cênica das personagens como baixo-relevos ou afrescos e à expressão do diálogo interior do drama através da música e do movimento plástico, revelam que a força expressiva dos signos artísticos do teatro de Meyerhold reside não só na substituição dos velhos signos do passado, mas, principalmente, na tentativa de colocar em cena somente o funcional. Meyerhold, utilizando uma expressão de Tchékhov, "buscar a qüintessência da vida", se mostra fundamentalmente preocupado em revelar em seus espetáculos a "diferença entre a reprodução cênica de um estilo e a estilização das situações cênicas"[7].

5. *Idem*, p. 106.
6. *Idem*, p. 109.
7. *Idem*, p. 112.

Neste sentido, o teatro naturalista, privando o fruidor do jogo imagético e na sua ambição de tudo mostrar, transforma o teatro em simples ilustração do texto do autor.

Sintetizar, estilizar, transformar em símbolos serão os procedimentos-chave de sua poética teatral. Para isso, recorrerá mais ao movimento plástico do corpo do ator do que, por exemplo, à perfeita caracterização naturalista[8]. Considera desde sempre o ator como agente fudamental da cena e incidirá o seu trabalho de encenador nos movimentos rítmicos e na plasticidade do corpo, numa precisa conexão com os outros meios de expressão que conformam a linguagem cênica. No espaço cênico o ator é um corpo humano, cujo poder expressivo aumentará na medida em que mantiver com os outros signos cênicos relações de cumplicidade e antagonismo.

Com relação ao texto literário, à obra dramática, Meyerhold procurará surpreender sempre dois diálogos: um "exteriormente necessário" que compreende as palavras que acompanham e explicam a ação e outro "interior" que deverá, segundo ele, ser captado pelo espectador não através das palavras, mas por meio das pausas, dos silêncios e, sobretudo, pela substituição dos monólogos explicativos por aquilo que ele considera fundamental para o teatro: "a música dos movimentos plásticos".

Isto significa, em última análise, abandonar a "verdade inútil" em favor de um dos conceitos mais caros a Meyerhold, ou seja, a "convenção consciente", cuja relevância fundamenta-se, basicamente, na função do ator no espetáculo teatral.

O ator sobre o palco é como o escultor diante de seu bloco de argila: lhe é preciso encarnar numa forma palpável o mesmo conteúdo que o escultor, isto é, os impulsos de sua alma, suas sensações. O pianista tem como material os sons do instrumento no qual ele toca, o cantor tem a voz, quanto ao ator, possui seu próprio corpo, a fala, a mímica, os gestos. A obra que um artista interpreta é o molde onde se introduz sua criação pessoal[9].

8. Lembre-se de que ao se referir à composição das personagens de *O Inspetor Geral*, Meyerhold reafirma: "Eu não gosto, não gostava e nunca vou gostar de maquiagem. E quando os atores discutem comigo, eu me calo, pois sei que chegará o momento em que eles também não vão gostar de maquiagem". E quanto ao jogo do ator propõe: "O que é o jogo mímico? Será que é somente o jogo facial? Não, é também o jogo das mãos, o jogo com os ângulos e não apenas um giro de cabeça, de ombros; é preciso compor-se numa cadeira, numa poltrona etc." (cf. acima, "Explicação do Espetáculo", pp. 20 e 21).

9. Meyerhold utiliza-se aqui de uma colocação de Valeri Briussov em seu artigo "A Verdade Inútil", *Mir Iskustvo* (*O Mundo da Arte*), Petersburgo, 1902, t. VII, 3ª parte, p. 67. *Apud* V. Meyerhold, *op. cit.*, p. 126.

E ainda: "Todos os meios do teatro devem estar a serviço do ator. Este deve reinar absoluto sobre o público, uma vez que no palco é a arte do comediante que ocupa um dos primeiros lugares[10].

A criação de um "teatro da convenção", de uma "convenção consciente" sobre o palco, vincula-se, assim, à recusa incondicional de uma convenção-clichê, óbvia e antiartística, muito aquém da possibilidade de fruição de um prazer puramente estético.

É através da convenção que as estátuas de mármore e de bronze não são pintadas. Também é convencional a gravura onde as folhas são pretas e o céu representado por riscos, mas ao olhar uma gravura podemos tão-somente experimentar um prazer puro e estético. Onde se encontra a arte, encontra-se também a convenção[11].

Para a criação desse "teatro da convenção", a fusão autor-encenador-ator se estabelece a partir de um procedimento de trabalho bastante específico.

As relações recíprocas do ator e do encenador podem ser organizadas a partir de dois métodos diferentes de trabalho que determinam a liberdade criadora não apenas do ator, mas também do espectador, o qual, ao invés de simplesmente contemplar, poderá ser convocado a uma participação ativa e criadora.

A representação gráfica desses dois métodos diferentes revela de que modo a interação do trabalho entre os três criadores fundamentais do teatro (autor-encenador-ator) orienta a fruição estética do espectador.

De acordo com esse primeiro método de trabalho, cujo resultado pode ser representado por um triângulo, onde no vértice superior encontra-se o encenador e nos dois ângulos da base o autor e o ator, o espectador recebe a arte do autor por intermédio da arte do encenador. No "teatro-triângulo" todas as mediações são criadas e "controladas" pelo encenador, já que ele orienta a encenação de acordo com a reprodução meticulosa pelos atores do seu próprio

10. V. Meyerhold, op. cit., p. 127.
11. Idem, p. 128.

projeto de análise e compreensão da peça. Meyerhold compara esse tipo de teatro a uma orquestra sinfônica onde o maestro equivale ao encenador, ao exigir do ator (como o maestro exige de seus músicos) uma perfeita técnica de virtuose, capaz de executar exatamente o projeto sugerido pelo maestro-encenador.

A esse tipo de teatro Meyerhold opõe o que ele denomina "teatro da linha reta" que pode ser assim representado graficamente:

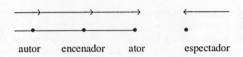

Aqui os quatro elementos fundamentais do teatro estão representados por quatro pontos da esquerda para a direita, em tal ordem que o ator expressa-se livremente diante do espectador, depois de ter assimilado a obra do encenador, o qual, por sua vez, assimilou a obra do autor.

Cabe ao ator, portanto, a tarefa mais importante no fenômeno teatral, pois ao encontrar-se face à face com o espectador realiza a síntese artística autor-encenador, comunicando-a ao espectador segundo sua forma própria de expressão e sensibilidade. A técnica apurada de virtuose na atuação do ator não significa assim sacrificar sua própria criatividade e intuição. Ao contrário, o que deve estar em primeiro plano, nessa perspectiva, é o brilho do talento do ator, sem o qual a criação livre, tal como postula o encenador, não pode ser concebida.

Mas o que, certamente, importa nessa metodologia de trabalho que visa um teatro de convenção é a significação da palavra enquanto discurso cênico. Se a palavra não é um instrumento suficientemente capaz para colocar em cena o diálogo interior e a essência do drama, não basta pronunciá-la no palco: é preciso saber "dizê-la", expressar, através de diferentes meios expressivos, todos os meio-tons, as nuances significativas, enfim, tornar manifesto artisticamente o que está latente sob a superfície do drama. É nessa perspectiva que a ênfase da linguagem cênica meyerholdiana orienta-se fundamentalmente para os movimentos plásticos do ator.

Essa expressividade plástica não se limita a uma harmonização "lógica" com as palavras proferidas ou a ação expressa no palco. Meyerhold parece buscar durante toda sua trajetória uma plástica que não corresponde às palavras.

O encenador lança uma ponte entre o espectador e o ator. Ele deve dar aos movimentos e às posturas um desenho que auxilie o espectador não apenas a escutar as palavras proferidas, mas também a penetrar o diálogo interior oculto [...] Gestos, posturas, olhares, silêncios determinam a essência das relações entre os homens. As palavras não dizem tudo. Isto significa que é preciso também no palco um desenho de movimentos que possa atingir o espectador em situação de observador perspicaz... As palavras se dirigem aos ouvidos, a plástica aos olhos[12].

O que o encenador pretende, em última análise, é submeter a imaginação do espectador ao impacto de duas impressões, uma visual e outra auditiva.

Mas o que distingue sua proposta cênica é submeter cada elemento, tanto o movimento plástico quanto as palavras, a um ritmo particular próprio, numa dissociação expressiva com relação à situação.

Nada impede porém de dar à frase uma plástica que corresponda perfeitamente às palavras, mas neste caso, será um procedimento tão natural como a coincidência em poesia do acento rítmico com o acento lógico[13].

A base do teatro meyerholdiano encontra-se justamente em liberar o ator de todo acessório supérfluo que sobrecarregue a cena, para colocar em primeiro plano a sua própria iniciativa criadora. Ao tomar como modelo ideal a tragédia e a comédia da Antiguidade greco-romana, em oposição ao teatro de "estados de alma" stanislavskiano, Meyerhold propõe o ritmo como base da dicção e do movimento dos atores, apontando para a possibilidade de uma espécie de revitalização e renascimento da dança-ritualística do teatro antigo. Nesse sentido, a palavra poderá se transformar num grito harmonioso, ou mesmo ser expressa através de jogos melódicos pela marcação de pausas e silêncios.

No teatro da convenção o espectador não esquece em nenhum momento que diante dele está um ator que representa, e o ator não esquece que diante dele está a platéia; sob seus pés, o palco e ao redor, a cenografia. É a mesma coisa com um quadro: ao olhá-lo não se pode esquecer por um segundo que se trata de tintas, tela, pincel, mas ao mesmo tempo emana um sentimento de vida, sublime e iluminado. É sempre assim, quanto melhor é o quadro, mais forte é o sentimento de vida[14].

Mais tarde, em alguns de seus escritos dos anos 20, Meyerhold, ao tratar da técnica da biomecânica, tentou esboçar, ainda que de forma assistemática, os princípios básicos capazes de transformar o corpo do ator, sua fisicalidade, em linguagem artística fundamental

12. *Idem*, p. 135.
13. *Idem*, p. 136.
14. *Idem*, p. 142.

da arte teatral. Sem dúvida alguma, o trabalho de Meyerhold, orientado nos inícios dos anos 20 no sentido da biomecânica, nada mais era do que a consecução prática, e mesmo teórica, de toda uma investigação sobre a interpretação do ator que o encenador vinha realizando desde o início do século.

Com efeito, a transformação do ator, do homem sobre o palco, em objeto de arte significava fazer do corpo humano, a partir de sua leveza e mobilidade, o meio de expressão essencial da cena, em orgânica harmonia com a cenografia e com o ritmo musical e plástico do movimento cênico.

O jogo do ator da biomecânica, preciso e rigorosamente elaborado sob o plano técnico, tinha raízes nas pesquisas e na constante utilização em seus espetáculos dos meios expressivos dos comediantes ambulantes dos teatros de feira russos que, por sua vez, tinham muito em comum com a *commedia dell'arte* italiana. A habilidade e a sutileza precisas na manipulação dos acessórios e dos objetos cênicos fazem desse "ator-corporal" quase um prestigitador cênico, capaz de fazer elevar também estes objetos e acessórios à condição de verdadeiros atuantes do jogo cênico, acabando por sublinhar e desvelar em toda sua plenitude o âmago das situações cênicas.

É, portanto, na arte do ator, no sistema de seu jogo, enquanto conhecimento e utilização do corpo como material artístico sobre o qual o ator impõe uma forma, que a representação teatral estrutura o seu próprio código de teatralidade.

Num texto de 1922, "O Ator do Futuro e a Biomecânica"[15], Meyerhold utiliza a seguinte fórmula matemática para demonstrar de que maneira se efetua na arte do ator a síntese do "organizador" e do "organizado", isto é, do artista e de seu material:

$$N = A_1 + A_2$$

onde N é o ator, A_1 é o construtor que concebe e dá as ordens em função da realização do projeto, enquanto A_2 é o corpo do ator e intérprete que realiza a ordem do construtor A_1.

O ator deve, portanto, treinar seu material, isto é, o seu corpo, de maneira tal que ele esteja apto a realizar rapidamente as instruções recebidas do exterior, quer do próprio ator, quer do encenador.

Na medida, então, em que o jogo do ator é a execução de uma instrução determinada, é necessária uma economia nos modos de

---

15. Este texto encontra-se publicado no volume II dos escritos de Meyerhold, *op. cit.*, p. 486.

expressão que lhe garanta a precisão de movimentos suscetíveis de executar a instrução no prazo mais breve possível[16].

Coexistem, assim, no ator meyerholdiano, dois princípios complementares: A_1 que propõe a tarefa é o princípio ativo e A_2 que exprime seu acordo quanto às formas propostas por A_1 e que se coloca ele próprio em situação de material enquanto princípio passivo. À qualidade de iniciador de A_1 deve-se acrescentar também a sua função de regulador diante daquilo que é proposto a A_2. Se A_2 é essencialmente um fenômeno do tipo passivo, ao mesmo tempo, não se trata simplesmente de um material, mas, antes de mais nada, de uma força agente que se põe a serviço da execução da tarefa e se reconhece como tal: uma espécie de máquina corporal.

Para tanto o ator deverá: *1.* possuir uma capacidade natural de excitabilidade de reflexos, e aquele que for provido dessa capacidade poderá pretender este ou aquele papel que corresponda aos seus dotes físicos; *2.* o ator deve ter "boa forma física", isto é, deve ter um golpe de vista justo e saber encontrar a todo momento o centro de gravidade de seu corpo, quer dizer, "um equilíbrio estável"[17].

Nessa perspectiva, a criação do ator deverá se concentrar na criação de formas plásticas no espaço e para isso, é preciso que trabalhe e investigue a mecânica do próprio corpo. Isso se faz necessário na medida em que, para Meyerhold, toda manifestação de uma força, especialmente num organismo, está submetida a uma lei mecânica única: a criação pelo ator de formas plásticas no espaço cênico evidencia a manifestação de uma força do organismo humano.

A oposição, portanto, a um sistema interpretativo que sobrecarrega o jogo do ator por uma emoção que lhe paralisa os movimentos, desiquilibra a técnica vocal e impede, assim, a eficácia e o controle do seu próprio trabalho, significou a busca por Meyerhold de princípios estéticos que orientassem a arte do ator em função de um método de trabalho que partisse, não do interior para o exterior, mas ao contrário, do exterior para o interior quando da abordagem e da construção de uma personagem.

16. Meyerhold faz referência direta aqui aos processos do "taylorismo', proveniente de F. Taylor, engenheiro e economista americano (1865-1915), propondo a sua aplicação à interpretação do ator assim como a todo trabalho no qual se devia obter uma produção máxima. A "taylorização" do teatro encontrava-se em sintonia com a cena construtivista, cujos dispositivos cenográficos transformavam-se em estruturas funcionais, equivalentes a máquinas que aproximavam o teatro da experiência da indústria. Integrando-se às suas engrenagens, o ator transmitia nos próprios movimentos as cadências dos mecanismos e os ritmos dos operários na produção, numa organização racional do trabalho baseada na máxima produtividade.

17. V. Meyerhold, *op. cit.*, p. 488.

Dessa forma, Meyerhold parece desacreditar que uma abordagem psicológica possa conduzir a qualquer solução cênica com precisão e rigor técnico.

Construir sobre uma base psicológica o edifício teatral é como edificar uma casa sobre a areia: ela desabará inevitavelmente. Na realidade, todo estado psicológico está condicionado por certos processos fisiológicos. Ao encontrar a solução correta do seu estado físico, o ator chegará a uma situação através da qual surgirá nele essa "excitabilidade" que constitui a essência de seu jogo, que contagia os espectadores e que os faz participar desse jogo. É a partir de toda uma série de situações ou de estados físicos que nascem esses "pontos de excitabilidade" e que só depois se tingirão deste ou daquele sentimento[18].

Vê-se, portanto, que no sistema meyerholdiano a base sólida sobre a qual o ator apóia seu trabalho, e a partir da qual faz "nascer o sentimento", é, sem dúvida alguma, a própria corporalidade: sua proposta parte, fundamentalmente, de um estímulo físico.

Não foi sem razão que os cursos da biomecânica incluíam sempre em seu programa de estudos a cultura física, a acrobacia, a dança, exercícios de rítmica, o boxe e a esgrima.

E mesmo, muito antes, quando a pesquisa de encenador na década de 10, nos seus estúdios-escola, se desenvolvia a partir das técnicas da *commedia dell'arte*, é sempre o corpo do ator enquanto linguagem expressiva e produto de arte, que parece definir o sustentáculo da poética meyerholdiana.

O programa do estúdio de Meyerhold em 1914-1915 demonstra claramente a natureza específica do trabalho proposto por ele[19]:

1ª Aula de M. F. Gnessin – leitura musical do drama:

Estudo das leis do ritmo e das melodias. Sua aplicação à leitura dos versos. O ritmo e o metro [...]

Estudo da técnica da leitura musical. As entonações naturais. Diferenças entre a leitura e o canto. Técnicas de prolongamento na leitura: *glissando* e nota de transição. A leitura rítmica e musical.

Estudo dos coros de *Antígona* de Sófocles e *Fenícias* de Eurípedes. Montagem de fragmentos de *Antígona* com coros e personagens isoladas.

18. *Idem*, p. 489.
19. O programa de estudos para o ano de 1914 do Estúdio de Meyerhold foi publicado na revista *O Amor das Três Laranjas* (n. 1, 1914). Esta revista, cujo subtítulo era *Revista do Doutor Dappertutto*, existiu entre 1914 e 1916, sob a direção de Meyerhold e constou de nove números ao todo. O título da revista provém de uma fábula para teatro de Carlo Gozzi. Nela eram publicados, além de programas de trabalho do Estúdio, artigos, resenhas críticas e, principalmente, estudos sobre a *commedia dell'arte* e a dramaturgia de Gozzi.

2ª Aula de V. Soloviov

Técnicas do jogo cênico dos atores da *commedia dell'arte* [...] Determinação do desenho geométrico nas cenas coletivas de máscaras. Assimilação e ressurreição das encenações tradicionais a partir dos manuscritos dos *Scenari* conservados [...] Significação do grotesco que Carlo Gozzi chama "espécie de paródia exagerada".

Encenação do segundo intermédio do bailado de *O Amor das Três Laranjas*.

Determinação do momento de tensão na ação e princípios de improvisação verbal.

Aplicação das técnicas cênicas da *commedia dell'arte* nas seguintes peças: *Arlequim Polido pelo Amor*, de Marivaux, e *A Gruta de Salamanca*, de Cervantes.

3ª Aula de V. E. Meyerhold

Os movimentos cênicos.

Exercícios de improvisação: o corpo humano no espaço, o gesto como reflexo, chamado para a vida exclusivamente por movimento do corpo.

Semelhança entre os movimentos do novo ator e os do ator da *commedia dell'arte*.

O princípio de Guglielmo[20]: *partire dal terreno*, saber adaptar-se ao lugar reservado ao jogo do ator.

Movimento dentro de um círculo, um quadrado ou um triângulo.

Movimento em local fechado e ao ar livre.

Movimentos e fundo musical [...].

O ritmo como suporte de movimentos. A música constitui sempre o esboço dos movimentos, quer esteja realmente presente no teatro, ou suposta, como cantarolada pelo ator que se move no palco.

De um lado, o ator se familiariza com o fundo musical sempre presente e, de outro, aprendeu a dominar seu corpo e colocá-lo no espaço segundo a lei de Guglielmo. Deixou-se penetrar pelo encantamento do ritmo cênico e procura um jogo semelhante ao das crianças. A alegria torna-se a esfera sem a qual o ator não pode viver, mesmo se, em cena, deve morrer.

Fé do ator. O ator é um apaixonado. Morte ao psicologismo. Limites entre o cômico alegre e o fantástico e o espantoso. Fusão

---

20. Guglielmo Ebreo de Pesaro (1400-1475) foi um célebre professor italiano de dança e autor de um tratado intitulado *De pratica seu arte tripudii vulghare opusculum*, no qual ele discute as seis qualidades indispensáveis do dançarino. Uma delas, *partire dal terreno*, diz respeito à habilidade do dançarino em ajustar seus passos de acordo com o espaço destinado à evolução da dança.

do passado e do presente. Como o grotesco ajuda o ator a apresentar o real com o auxílio do simbólico e a substituir a caricatura por uma paródia acentuada.

Ausência de conteúdo no estudo escolhido como exercício (cena muda) sublinha a preocupação com a forma enquanto valor cênico em si mesmo (desenho dos movimentos e dos gestos dos atores). Diferença entre o conteúdo no sentido habitual da palavra e o conteúdo que se desenvolve sob os olhos do público não apenas segundo as sugestões do autor (texto de uma obra dramática) mas,

1. segundo a improvisação dos gestos e da mímica;

2. segundo as combinações sempre novas da encenação;

3. graças a um acordo franco entre os atores a partir das sugestões ator-encenador [...].

Por que o estudo dos procedimentos da *commedia dell'arte* ou os do teatro japonês é preferível a todos os outros.

Por que o estudo dos primitivos constitui o único meio seguro para se penetrar na significação do desenho cênico.

Sem dúvida, já aparece aqui a chave do seu trabalho com os atores que servirá como embasamento prático-teórico do ator biomecânico dos anos 20.

Fica evidente, portanto, que desde os seus primeiros Estúdios, a noção de perfeição técnica e a luta contra os clichês implicavam um treinamento intensivo do corpo do ator que o conduzisse à substituição dos acentos tradicionais da interpretação por outros que permitissem encontrar "aquele diálogo interior da música dos movimentos plásticos".

Depreende-se também desse programa de estudos que o ator deve possuir um sentido musical desenvolvido. O ator sabe por que as coisas que o cercam têm tal forma e não uma outra; não ignora que se trata de um produto de arte teatral, também ele se transformando num produto artístico. Harmoniza seus movimentos com alegria pela sua elocução musical e pela leveza e plasticidade de seu corpo. Esses movimentos lhe impõem um virtuosismo de acrobata como o ator japonês clássico que inspirou o trabalho de Meyerhold por ser essencialmente um ator-acrobata e dançarino. Nessa metodologia, a palavra cênica obriga o ator a ser como um músico, pois o trabalho com as pausas leva-o a calcular o tempo não só como um músico, mas também como poeta. E a música tem o papel de uma corrente que acompanha as evoluções do ator no palco e seus instantes de pausa.

O intérprete ao permanecer no palco, mesmo que imobilizado, demonstra que, tendo assimilado o sentido da pausa, continua a participar da ação cênica: a pausa valoriza a emoção nascida da luz, da música, dos acessórios. Cabe ao ator, ainda que imóvel sobre o palco, revelar o significado mais profundo da peça, como que deixando-o reverberar numa música que não ressoa mais e num movimento que não mais se move.

Há que se destacar também que o programa do estúdio já antecipa de que forma será fundamental para o ator de Meyerhold constituir um código de princípios técnicos, a partir do estudo dos princípios da representação de grandes épocas teatrais. A pesquisa, portanto, das técnicas da tradição teatral, como a *commedia dell'arte* e o teatro oriental, fundamenta-se na absoluta necessidade do novo ator apreender uma série de axiomas obrigatórios, qualquer que seja o teatro onde ele crie. Mas não se trata, certamente, de uma reconstituição dos métodos do passado, e sim, um aproveitamento eficaz das tradições teatrais com vistas a construir sempre uma ação cênica inédita, conduzida por um novo ator.

A maestria do corpo desse novo ator implica a precisão e a expressividade de seus movimentos, e o acabamento do seu trabalho é comparável ao trabalho dos jograis e dos acrobatas. O cálculo preciso do tempo é para esse tipo de ator o mais exato dos critérios que lhe permitem controlar e julgar a própria interpretação. Sua precisão é semelhante a de um músico de orquestra.

Também explica-se a partir desses pressupostos a constante utilização por Meyerhold dos expedientes do circo e do *music-hall*. Há, sem dúvida, razões teóricas para isso na medida em que encontrou também nessas modalidades cênicas características indispensáveis ao ator: limpeza, virtuosismo de técnica, sentido absoluto do ritmo, agilidade corporal que, num mínimo de tempo, consegue inserir um máximo de sensações. Na verdade, expressar o máximo com um mínimo de meios equivale a alcançar a mais sábia e criativa economia na articulação da linguagem teatral.

Meyerhold, ao conduzir o ator à aprendizagem de seu ofício com o acrobata, o palhaço, o prestigitador, o dançarino, trilhará gradativamente o caminho para a elaboração de um novo sistema de interpretação, baseado na biomecânica que, como se vê, afigura-se como o resultado da constante investigação do encenador das possibilidades expressivas do corpo do ator a partir, sobretudo, de uma espécie de ligação interveniente com as tradições das grandes épocas teatrais que foi buscar, não só no Ocidente, mas também no universo da arte oriental, especialmente no teatro nô e no kabuki.

O texto *Emploi do Ator*[21] é uma primeira tentativa de sistematização do trabalho do ator, em função da pesquisa da biomecânica e da estética do grotesco.

21. Em russo *Emploi Aktiora*.

Os autores esquematizam, como num curso de instrumentação musical, uma classificação de todos papéis-tipo que se encontram na prática, descrevem as particularidades físicas indispensáveis aos atores para encarnar tal ou qual papel, enfim, definem rigorosamente suas funções cênicas.

Além disso, tentam definir os momentos essenciais necessários à constituição do jogo do ator. Antes de mais nada, consideram que sua natureza deve estar apta a responder à excitabilidade dos reflexos. Aquele que não possuir esta aptidão não pode ser ator. Responder aos reflexos significa reproduzir nas sensações, nos movimentos e nas palavras, uma situação proposta do exterior. O jogo consiste num complexo organizado das manifestações de modos de expressão assim suscitados.

As manifestações e modos de expressão isolados constituem os elementos da representação e do jogo do ator.

Cada elemento do jogo comporta invariavelmente três momentos necessários:
1. Intenção.
2. Realização (ou Execução).
3. Reação.

A intenção se localiza na percepção intelectual da proposta recebida do exterior (do autor, do encenador ou da própria iniciativa do ator).

A realização compreende um ciclo de reflexos de volição, miméticos (movimentos que se estendem ao corpo inteiro do ator e ao seu deslocamento no espaço) e reflexos vocais.

A reação segue a realização e comporta uma certa atenuação do reflexo de volição de acordo com a realização dos reflexos miméticos e vocais. Prepara, assim, o ator para a realização de uma nova intenção e para a passagem a um novo elemento do jogo.

A aptidão do ator em responder imediatamente à excitabilidade dos reflexos implica a capacidade de reduzir ao mínimo o processo de apreensão da proposta, isto é, o tempo da simples reação.

Daí decorre que, segundo Meyerhold e seus assistentes, somente aquele que constatar em si essa aptidão indispensável de resposta imediata dos reflexos poderá se tornar um ator e, de acordo com suas propriedades físicas naturais, desempenhar no teatro determinados papéis que lhe serão atribuídos segundo funções cênicas específicas.

No entanto, se os dons físicos naturais são necessários ao ator, não lhe são, é certo, em si suficientes. É necessário um constante trabalho de aperfeiçoamento e exercitação em duas direções:
1. desenvolvimento da capacidade de excitabilidade dos reflexos e

2. aperfeiçoamento dos dons físicos do papel por meio dos procedimentos de jogo que lhe são próprios.

O trabalho deverá, portanto, se orientar, no que se refere à direção *1*, no sentido do desenvolvimento da sensação da imagem corporal espacializada (movimento centrado sobre um ponto consciente, equilíbrio, passagem de movimentos amplos e pequenos; consciência do gesto como resultante do movimento, mesmo nos momentos estáticos); e ainda, no sentido da aquisição da capacidade de transformar o instinto musical num fenômeno consciente de direção musical de si mesmo, o que conduz à aquisição da capacidade de auto-orientação num sistema de jogo.

Com relação à direção 2, a tarefa consiste na "tomada de consciência, através de uma clareza geométrica, de todas as posições da biomecânica, cujo ponto de partida é o estabelecimento de uma lei mecânica única que rege todas as manifestações de uma força, associada à lei dos membros de todos os animais: aplicação de movimentos próprios dos animais a determinados grupos de papéis, a partir de um princípio de semelhança entre tais movimentos".

Vê-se que para o encenador a interpretação deve estar submetida a uma rigorosa metodologia, cuja tarefa básica consiste na sistematização do trabalho teatral. Não se pode esquecer que Meyerhold atribuía também à biomecânica uma tarefa educativa para a formação do novo homem soviético que nascia com a Revolução, o que correspondia à organização científica do trabalho e à exigência da racionalização dos movimentos e do comportamento físico.

Transferia, portanto, para o palco da biomecânica todas as convicções estéticas pré-revolucionárias orientadas para um teatro da fisicalidade e do dinamismo corporal do ator e, conjugando-as agora com uma ideologia revolucionária voltada para a estruturação de um novo homem e uma nova sociedade, projetava no ator biomecânico as leis que deveriam vigorar a partir de então, baseadas na eficiência, na destreza e, sobretudo, na cooperatividade organizativa.

No artigo "O Ator do Futuro" de 1922, Meyerhold escreve:

O ator que trabalha para a nova classe deve revisar todos os cânones do velho teatro. A própria oficina do ator será organizada em outras condições, e o trabalho do ator na sociedade dos trabalhadores será considerado como uma produção necessária para a correta organização do trabalho de todos os cidadãos [...].

Ao estudarmos o trabalho de um operário experimentado, observamos em seus movimentos:
1. ausência de movimentos inúteis não produtivos;
2. um ritmo;
3. a consciência exata de seu centro de gravidade;
4. firmeza.

O processo de trabalho de um operário experimentado se parece sempre com a dança, situando-se no limite da arte.

A imagem de um homem que trabalha corretamente sempre produz um certo prazer. Tudo isto se aplica perfeitamente ao trabalho do ator do teatro do futuro, pois estamos sempre lidando em arte com a organização de um certo material. A arte deve se fundar sobre bases científicas e toda criação do artista deve ser consciente. A arte do ator é fundada sobre a organização de seu material, isto é, o ator deve saber utilizar corretamente os meios expressivos de seu corpo[22].

Certamente, a racionalização de cada movimento do ator resultava num desenho preciso, onde os gestos e a posição do corpo assumiam uma forma exata.

Pois, ao que parece, à forma justa equivale, para Meyerhold, a precisão do conteúdo, das entonações e das emoções, na medida em que estão determinadas pela expressão corporal, na condição de que o ator possua reflexos facilmente excitáveis, isto é, que aos estímulos que lhe são propostos do exterior saiba responder pela sensação, pelo movimento e pela palavra. O jogo do ator não é outra coisa senão a coordenação das manifestações de sua excitabilidade.

Fica claro que o método de Meyerhold opõe-se, nesse período, radicalmente à teoria stanislavskiana dos "sentimentos vividos" no teatro, pois para Meyerhold não é necessário, por exemplo, "viver" o medo sobre o palco, mas exprimi-lo por uma ação física[23].

Os exercícios biomecânicos oriundos da ginástica, da plástica e da acrobacia desenvolvem no ator o golpe de vista exato, ensinando-lhe a calcular os movimentos, torná-los racionais e coordená-los com o grupo de atores em cena e com o próprio espectador para que sejam plenamente aproveitadas as possibilidades oferecidas pelos jogos de cena, em função dos movimentos expressivos que daí resultam.

Por isso, o produto cênico resultará numa espécie de alegria desenfreada e travessa, ainda que conduzida pela virtuosidade extremamente rigorosa e controlada do trabalho do ator com a manipulação de seu corpo.

---

22. V. Meyerhold, volume II da edição soviética, *op. cit.*, p. 487.

23. É sabido que na década de 30, quando Stanislávski reformula o seu sistema também através da "Técnica das Ações Físicas Fundamentais", Meyerhold manifestará muito interesse pelas pesquisas stanislavskianas, no sentido de um aprofundamento maior de seu próprio trabalho. Há, é certo, um reencontro final teórico e pedagógico entre os dois diretores russos, sem que isso anulasse, no entanto, diferenças marcantes entre eles, no que concerne ao resultado cênico final. Mas, de todo modo, como já foi notado, Meyerhold em alguns momentos esteve "a favor" de Stanislávski; em outros momentos sua postura técnica poderia ser definida como "contra", mas em nenhum momento esteve "sem" Stanislávski. Cf. a propósito, o interessante estudo, "Stanislávski-Meyerhold", em Jorge Eines, *Alegado a favor del Actor*, Madrid, Editorial Fundamentos, 1985.

Se assumo a postura de um homem triste, começo a sentir tristeza. Na minha qualidade de diretor biomecânico vigio para que o ator seja sadio e que seus nervos não sejam atingidos. Pouco importa que se represente uma peça triste – vocês devem ficar alegres e não se concentrarem interiormente, para não ficarem neurastênicos. Certos atores fazem todas as espécies de manipulações para penetrar num mundo triste e isto os torna nervosos. Quanto a nós, dizemos: "Se eu faço vocês assumirem uma postura triste, a réplica será triste também"[24].

É indiscutível que toda a proposta meyerholdiana nos remete de imediato ao campo da dança. O próprio encenador chegou a declarar que é fundamentalmente nela que o corpo humano põe a serviço da cena toda sua destreza e flexibilidade, elevando-o ao mais alto grau de expressividade artística.

Ali onde a palavra perde sua força expressiva começa a linguagem da dança. No antigo teatro japonês, sobre o palco do nô, onde se representavam peças semelhantes às nossas óperas, o ator deveria obrigatoriamente ser também um dançarino[25].

Se, portanto, a dança constitui a raiz da gestualidade do ator, a ação visível e compreensível que ele expressa na cena será, sobretudo, o que Meyerhold denomina uma "Ação Coreográfica". E assim, segundo ele, não será certamente no ator do teatro de costumes naturalistas que o ator moderno deverá basear seu trabalho, e sim nos grandes coreógrafos do balé contemporâneo. "É somente através da arte da dança que a música e a poesia se tornam compreensíveis"[26].

Ora, não resta dúvida, que esta estética teatral participa de toda uma orientação da cena moderna da década de 10 e 20, na qual se integram encenadores importantes, tais como Max Reinhart, Gordon Craig, Georg Fuchs, Adolphe Appia, e, sob certo sentido, B. Brecht, cujas propostas de novas alternativas para o teatro realista-naturalista passam, antes de mais nada, por uma estética teatral antiliterária ou, pelo menos, por uma práxis teatral, onde as palavras, isto é, o aspecto "literário" do drama, exercem uma função muito diferente

---

24. Cf. Igor Ilinski, *Sobre Mim Mesmo*, Moscou, 1961, *apud* V. Meyerhold, *Teoría Teatral*, Madrid, Editorial Fundamentos, 1979, p. 200.
25. Cf. na primeira parte do livro *O Teatre* (*Sobre Teatro*) um artigo do encenador sobre a sua montagem da ópera *Tristão e Isolda* de R. Wagner, em 1909 no Teatro Marinski em São Petersburgo, onde discute a relação música-libreto-movimento para a estruturação cênica da ópera. V. Meyerhold, *op. cit.*, p. 148.
26. O encenador utiliza aqui uma citação de R. Wagner (*op. cit.*, p. 148), pelo qual sempre manifestou profundo interesse e cujas idéias sobre o "drama musical" discute neste artigo com detalhamento, especialmente o conceito wagneriano do "teatro do futuro" como a "síntese de todas as artes". Essa questão nos parece fundamental na poética teatral de Meyerhold e será discutida um pouco mais no capítulo seguinte.

se comparada com encenadores na tradição de um Stanislávski ou de um Nemiróvitch-Dântchenko.

Nessa medida, a forte marca da *commedia dell'arte*, dos teatros de feira e do teatro oriental não só no trabalho de Meyerhold, como em várias manifestações da vanguarda teatral dos inícios do século, demonstra um acentuado interesse menos por personagens agudamente individualizadas do que por amplos tipos caracterológicos.

Isto significa que, se tomarmos dois aspectos significativos do teatro realista – as idéias verbalizadas e os caracteres cuidadosamente individualizados e analisados em cena – e que são traços distintivos com relação à dança e ao balé, podemos inferir que o que mais interessa a Meyerhold e à grande parte da cena moderna, é a criação de um ator no qual as exigências físicas e a expressividade corporal possam conduzi-lo muito mais próximo da disciplina da dança do que a de um ator nos moldes tradicionais. É nesse sentido que o ator biomecânico, através de sua qualidade de dançarino, corresponde, para Meyerhold, ao eficiente operário: ambos devem tentar remover os movimentos e os ritmos supérfluos e improdutivos para localizar corretamente o centro de gravidade no corpo.

Esse fenômeno aponta para uma revisão do próprio conceito de comunicação teatral, uma vez que o essencial aqui não é a narratividade de uma fábula dramática, mas a valorização das metáforas e dos temas que fazem do corpo do ator o agente principal de sua simbolização.

O teatro de Meyerhold, bem como o de toda a vanguarda teatral e seus diferentes desdobramentos no teatro contemporâneo, incindirá justamente nessa renovada articulação do jogo teatral a função determinante do corpo do ator enquanto instrumento fundamental na busca da significação mais profunda da própria teatralidade.

4. O Realismo Musical: Um "Novo Realismo"?

> *Antes de* O Inspetor Geral, *montei vinte espetáculos que nada mais eram do que experimentos para* O Inspetor Geral.
>
> MEYERHOLD

Esta declaração de Meyerhold reafirma o papel que desempenhou o espetáculo dentro da carreira artística do diretor. Se por um lado, como vimos, há certo aprofundamento no que concerne ao teatro do grotesco enquanto linguagem cênica essencial de sua poética, de outra parte, a investigação da dramaturgia do "sistema gogoliano", como o próprio Meyerhold assinalava, correspondia de forma modelar às tendências estéticas e criativas que há muito vinham se desenvolvendo através dos trabalhos anteriores. Com *O Inspetor*, efetuava como que um balanço de suas pesquisas, também dirigidas para o aspecto técnico da forma teatral, onde a gestualidade estruturava-se, fundamentalmente, em função do ritmo musical.

O elemento musical significava para a economia do espetáculo muito mais do que uma base de atmosfera para o desenvolvimento da ação dramática. Este foi definido como uma "sinfonia cênica sobre temas gogolianos". As declarações do encenador sobre o espetáculo demonstram também que essa estruturação vinculava-se ao seu conceito de "realismo musical"[1]. A questão do realismo "à

---

1. "Eis por que o termo 'realismo musical', referindo-se a esse espetáculo, não é um termo fora de propósito. Vimos que seria preciso compor o espetáculo segundo

base da convenção", tal como Meyerhold propugnava, muitas vezes sob a denominação de "realismo autêntico", acha-se em estreita relação com este "realismo musical", preocupação constante do encenador, orientada para uma linguagem teatral, apoiada na abstração da estrutura da música, propiciando concentrar em cada detalhe concreto do conjunto cênico força poética e expressiva, e ainda, utilizando a música como sintaxe do discurso cênico, lograva-o radicalmente diferente, "estranhado", por assim dizer, em relação ao discurso cotidiano.

De fato, a orquestração das vozes, dos movimentos e dos gestos dos atores, por sua vez, achava-se coordenada com a iluminação e com o acompanhamento musical da orquestra, e poderia bem ser comparada aos instrumentos de uma grande orquestra sinfônica. É nessa direção, certamente, que o resultado cênico de *O Inspetor* parecia produzir toda a atmosfera de mistério e fantasmagoria, sem recorrer ao ilusionismo teatral, e ao mesmo tempo, o aspecto de verossimilhança sem recorrer ao "verdadeiro" do realismo-naturalismo. O produto é um teatro baseado na realidade, mas convencionalizado na direção da abstração musical.

Também já foi aqui referido anteriormente o interesse de Meyerhold pelo teatro clássico do Japão e da China. Sem dúvida, a base musical da teatralidade meyerholdiana advém da profunda e constante investigação orientada para o jogo de convenções do teatro oriental. Sem contar, é claro, com a influência marcante em seus trabalhos, da linguagem da *commedia dell'arte* italiana e dos procedimentos do teatro de feira que podem ser flagrados na busca de uma subordinação da gestualidade e da palavra a temas e ritmos musicais.

Mas talvez seja também importante assinalar que o fato da música e dos conceitos musicais ocuparem grande espaço nas teorias e métodos do encenador, vincula-se à sólida formação musical de Meyerhold que desde a juventude estudou música, chegando a se tornar diretor de ópera dos Teatros Imperiais. Não há como negar que suas experiências como *regisseur* no campo da ópera possibilitaram e contribuíram para a síntese que se operou em suas investigações cênicas, quer do ponto de vista da cenografia, quer do ponto de vista musical (já que passa a ser cada vez mais essencial nos

---

todas as regras da composição orquestral, onde cada parte do ator não soasse em separado, que seria preciso incorporá-la necessariamente na massa dos grupos de papéis-instrumentos, entrelaçar este grupo numa orquestração bastante complexa, distinguir nesta estrutura complexa o caminho dos *leitmotive* e fazer soar em uníssono, como numa orquestra, o ator, a luz, o movimento e até o objeto que estava em cena" (cf. acima "Sobre *O Inspetor Geral*", p. 74).

espetáculos de Meyerhold a idéia de que a visualização nasce das exigências da partitura), quer no plano da interpretação do ator.

Está também comprovado pelos próprios escritos de Meyerhold[2] que o estudo da ópera, especialmente a de Wagner, de quem montou *Tristão e Isolda* em 1909, e a leitura de teorias teatrais orientadas para a função determinante do elemento musical na cena, tais como foram formuladas por E. Fuchs, A. Appia e G. Craig, corroboraram a necessidade da convenção do jogo teatral que, no caso da ópera, por exemplo, deveria ser regido não pelo *libretto*, mas pela partitura e que, portanto, deveria nascer inteiramente do espírito da música e do seu ritmo, princípio da economia do gesto que se transformaria então, na linguagem da dança. Provém, certamente, daí, a constante preocupação nos espetáculos de Meyerhold (em *O Inspetor* isto é flagrante) de fazer com que o ator interprete o que ele denomina "desenho tônico" da partitura musical e a imagem cênica se construa a partir do princípio da música[3].

O próprio espaço cênico de *O Inspetor* parece estar submetido a um princípio musical que rege a movimentação e a "dança" no jogo de deslocamentos dos praticáveis, acompanhados ainda pelos gestos dos atores que são lentos, concentrados, "congelados" por diversas vezes, e que, subitamente, se aceleram segundo a partitura musical.

Na verdade, desde *Tristão e Isolda*, Meyerhold afirmava os seus princípios inovadores com relação à montagem de óperas, princípios esses que, como está claro, se estenderam a toda sua concepção do "fazer teatral", nas suas diversas modalidades de expressão, e cujo eixo composicional tinha na música o seu princípio organizador: uma vez que o encenador deve partir da partitura, independentemente do *libretto*, a interpretação da música se fará da mesma forma que um maestro, traduzindo, porém, o sistema de estruturas musicais na linguagem das imagens cênicas, visuais, apoiando-se sobre o ritmo, sobre a expressividade melódica, os pontos culminantes e os *leitmotive*.

Sabe-se que a regra geral para os encenadores de ópera até então orientava-se justamente para o caminho inverso: a acentuação exacerbada dentro da montagem da ópera de um naturalismo forçado que destruía irremediavelmente a unidade necessária à realização do

---

2. Cf. em especial a segunda parte do livro *O Teatre* (*Sobre Teatro*), *op. cit.*, volume I da edição soviética, onde aparecem várias referências a G. Fuchs, M. Reinhardt, G. Craig e R. Wagner. Ver também o escrito de Meyerhold a propósito de sua montagem da ópera *A Dama de Espadas* de Tchaikóvski em 1934; *op. cit.*, vol. II da edição soviética, p. 229.

3. Cf. o artigo "A Encenação de *Tristão e Isolda* no Teatro Marinski", 30 de outubro de 1909. V. Meyerhold, vol. I, *op. cit.*, p.143.

desenho músico-teatral do compositor, anulando a possibilidade de percepções visuais e musicais simultâneas.

Já para Meyerhold, sendo a música a força vigorosa que organiza a ópera, o espetáculo configura-se como a realização da partitura cênica do encenador que é o equivalente exato da partitura do compositor.

É nessa perspectiva que, referindo-se a "sinfonias teatrais" como *O Inspetor Geral*, A. Gvozdióv chegou a declarar que tratava-se ali de "toda uma ilustração da reforma futura da ópera e de sua descida dos céus sobre a terra. A ópera que nos teatros acadêmicos não pode tornar-se realista e encontrar o seu lugar dentro da arte contemporânea"[4].

Ora, Meyerhold foi provavelmente um dos diretores do primeiro quarto desse século que mais se ocupou tanto prática como teoricamente da questão da síntese wagneriana das convenções da música e do drama. Em 1909, no artigo já referido sobre a montagem de *Tristão e Isolda* realizada no mesmo ano, o encenador se detém com detalhes sobre as concepções de Richard Wagner, referentes à síntese das artes, base da reforma do drama musical wagneriano.

O que de imediato interessa ao encenador russo é o pressuposto de que, também na ópera, a pantomina, o ritmo dos movimentos, dos gestos e dos agrupamentos de atores estejam rigorosamente sincronizados com o da música, "é somente quando se alcança uma fusão rítmica total entre aquilo que é apresentado sobre o palco e a música, que se pode obter uma pantomima idealmente executada"[5].

O artigo de Meyerhold salienta ainda a noção de "teatro do futuro" preconizada por Wagner como a "síntese de todas as artes". O encenador esclarece:

a síntese das artes que Wagner toma por princípio de sua reforma do drama musical evoluirá: o grande arquiteto, o pintor, o maestro e o encenador, sendo elos dessa sínte-

---

4. *Apud* V. Meyerhold, *Écrits sur le Téâtre*, cf. o prefácio ao tomo III, de Béatrice Picon-Vallin, Lausane, La Cité – L'Âge D'Homme, 1980, p. 30.
5. Mais tarde, porém, ao se referir à própria evolução de sua concepção sobre a ópera, Meyerhold na reflexão que faz sobre a sua montagem da ópera *A Dama de Espadas*, em 1935, chegou a reconhecer que, se em *Tristão e Isolda* insistia na coincidência precisa, quase matemática, entre os movimentos, os gestos dos atores e o ritmo da música, enfim, o desenho tônico, já em seus trabalhos do final da década de 20 e 30, sem recusar a subordinação do conjunto à partitura, procurava, no entanto, uma liberdade rítmica para o ator no interior de uma grande frase musical, para que, ao invés de uma coincidência metricamente precisa, pudesse surgir uma coincidência em contraponto, às vezes até mesmo em contraste com a música, como uma espécie de variação, evitando assim segui-la em uníssono. Cf. "A Evolução da Concepção de Meyerhold sobre a Ópera", 1938-1939, em *Écrits sur le Théâtre*, tomo III, *op. cit.*, p. 186.

se, investirão no teatro do futuro suas iniciativas sempre renovadas, mas é claro que esta síntese não pode se realizar sem que surja também um "novo ator"[6].

Pode-se inferir dessa declaração de 1909 e de todo o seu processo de trabalho orientado, até o final de sua carreira, para a pesquisa de novas formas de interpretação para o ator, tanto por meio das experiências com a *commedia dell'arte*, quanto sob a influência das convenções do teatro oriental e, finalmente, pela pesquisa da biomecânica, que esse "novo ator" parece definir, em última análise, como a "corporificação", por assim dizer, da síntese wagneriana, embora muito mais próximo de uma formalização satírica do que a da ópera romântica[7].

De fato, a base da poética teatral meyerholdiana já aparece expressa nesse artigo sobre *Tristão e Isolda*, dedicado fundamentalmente à discussão dos escritos e da teoria de Wagner.

Ao discutir a concepção dramática do drama musical, Meyerhold justifica a função determinante da esfera musical em virtude, "do poder que o mundo misterioso de nossas sensações exerce sobre ela, pois o mundo da alma pode apenas se revelar através da música, e é só a música que possui o poder de revelar o mundo da alma em toda sua plenitude"[8].

Servindo-se dos postulados de A. Appia[9], assim esquematiza o processo de criação e as relações recíprocas entre os elementos do drama musical:

	Da música, no sentido amplo da palavra, nasce a concepção dramática	
Realização do drama no tempo	Esta concepção se desenvolve em imagens, através da palavra e do tom em um drama. Esse drama se torna visível ao espectador com a ajuda	Na partitura

....

6. Cf. V. Meyerhold, "A Encenação de Tristão e Isolda no Teatro Marinski", *op. cit.*, p. 145.

7. Cf. a respeito James M. Symons, "Meyerhold's *Song of Songs*", em *Meyerhold's Theatre of the Grotesque – The Post-Revolutionary Productions, 1920-1932*, University of Miami Press, 1971, pp. 149-173.

8. V. Meyerhold, *idem*, p. 146.

9. É de se supor que Meyerhold tenha lido no original os escritos de A. Appia sobre a relação música-cena, publicados em Munique no início do século. Mas, sabe-se também, que mesmo na Rússia, as idéias de Appia foram divulgadas através de artigos específicos publicados na mesma época em São Petersburgo e Moscou.

	do ator	
Realização do drama no espaço	dos relevos da iluminação da pintura	Na encenação
	Assim nasce o "drama verbal-musical"	

Daí conclui que a música determina a duração de tudo o que se sucede em cena e ressalta o fato dela propor um ritmo que nada tem a ver com o mundo do cotidiano, pois, a vida da música não é a da realidade cotidiana. E, citando uma réplica de uma das personagens de Tchékhov em *A Gaivota*, declara: "A vida não como ela é, nem como deveria ser, mas tal como é vista nos sonhos".

A isto vincula-se, certamente, o aspecto do ator em cena que deverá ser, portanto, o de uma ficção artística que sem dúvida pode, por vezes, estar plantada em solo realista, mas que, ao final, deve ser apresentada de uma forma muito distante daquilo que se vê na vida. Os movimentos e os gestos do ator devem corresponder ao aspecto convencional dos diálogos cantados.

A apreciação de Meyerhold sobre as idéias wagnerianas parece confluir para a noção fundamental do compositor alemão do que o que importa para o drama musical é a unidade orgânica profunda, o movimento contínuo da obra e o poder expressivo da música, do ponto de vista do drama. O que está em pauta, portanto, é a rejeição da forma da ópera habitual, uma vez que sacrificava o conteúdo ao canto e a ópera romântica sacrificava a música ao movimento. Trata-se, pois, no drama musical wagneriano, de restaurar a dignidade do conteúdo, a importância do movimento dramático e de transformar a partitura em sinfonia[10].

Corresponde a isto o abandono da forma tradicional da ópera e a rejeição da "melodia operística". A melodia deve nascer inteiramente do discurso, tornando-se fonte de atenção somente na medida em que se afigura como expressão concreta de uma determinada sensação com precisão dentro do discurso. Daí decorre a importância do ritmo que substitui a "euforia" tradicional. O resultado é o surgimento da "melodia dramática".

Um outro artigo de Meyerhold de 1925, intitulado "*O Professor Bubus* e os Problemas Propostos por um Espetáculo sobre a Música"[11], também discute e fundamenta toda a estruturação da monta-

---

10. Sobre a obra e a teoria de Wagner ver, particularmente, Marcel Schneider, *Wagner*, Paris, Éditions du Seuil, 1960 e John Deathridge e Carl Dahlhaus, *Wagner*, série *The New Grove Dictionary of Music and Musicians*, tradução de Marija M. Bezerra, Porto Alegre, LPM, 1988.

11. Neste texto Meyerhold explicita de que forma todo o seu trabalho se orientava no sentido de uma introdução de elementos dramáticos no campo da ópera e da utiliza-

gem da comédia de Faikó, segundo postulados fundamentais da teoria wagneriana tais como, *leitmotiv* ou "temas fundamentais", melodia infinita, momento associativo e, sobretudo, o conceito wagneriano do *Gesamtkunstwerk*, a "obra de arte total", termo que Meyerhold não utiliza, mas que, certamente, toma como referência quando propõe a criação de um "teatro sintético" como forma da poesia, música, artes plásticas, arquitetura e dança.

Música e orquestra são aqui utilizadas à maneira de Wagner que, ao invés de isolar a orquestra num papel de acompanhamento, utiliza-a para introduzir na arte cênica um novo elemento. A orquestra aparece efetivamente, em Wagner, como um elemento novo. Nem a escutamos como um acompanhamento, pois um acompanhamento é uma coisa que pode ser dispensada [...]. Em Wagner pode-se com freqüência deixar de ouvir o cantor pois ele não canta, mas diz harmonicamente um texto sobre um ritmo rápido com diferentes acumulações de *staccati*, destacando bem. Mas ouve-se obrigatoriamente a orquestra, ela se faz ouvir, prestamos atenção ao que nela se passa. Desta forma, a orquestra tem a função de um novo elemento da ação teatral. Scriábin também fala da fusão da luz, do som e do movimento do corpo humano em uma só totalidade e diz que se pode criar, a partir desses elementos, uma partitura nova e surpreendente[12].

Quanto ao *leitmotiv*, Meyerhold dá indicações precisas sobre sua utilização em *O Professor Bubus*:

Assim, se durante o primeiro ato vocês ouviram um diálogo acompanhado de uma certa passagem melódica, ela ressurge em alguma parte no terceiro ato, num momento em que talvez esteja ligada a um outro diálogo, a uma situação dramática diferente. Mas o retorno da melodia já ouvida e que está gravada em vossa consciência, faz com que se descubram melhor a profundidade de determinadas situações dramáticas, pois é um novo afluente que se acrescenta[13].

ção de uma base musical no teatro dramático. Tomando a montagem de *O Professor Bubus* de 1925 como base de suas reflexões, o encenador torna claro o seu intuito de empreender uma reforma no âmbito do drama musical. A peça de Faikó, que se aproximava da farsa, foi montada, no entanto, como um melodrama acompanhado de música lírica. Um pianista instalado no alto do dispositivo cênico, dentro de uma concha dourada, executava trechos de Chopin e de Liszt. E sobre a música, o discurso do ator soava como um recitativo livre que se ligava à pantomima, largamente utilizada no espetáculo, e à movimentação cênica dos agrupamentos das personagens. Toda a encenação se orientava sobre uma partitura bastante complexa onde os objetos, a luz, o som, a música, o movimento, a voz e a palavra desempenhavam a função dos diferentes instrumentos de uma orquestra. Também a cenografia transforma-se em objeto sonoro e se fundia à ação, já que o semicírculo de bambus em que se constituía o dispositivo cênico funcionava como um componente auditivo que sublinhava a entrada e a saída das personagens, criando toda uma gama de ruídos, a partir do simples entrechoque e do tinir dos bambus. Cf. V. Meyerhold, "*O Professor Bubus* e os Problemas Propostos por um Espetáculo sobre a Música", volume II da edição soviética, *op. cit.*, p. 64.
12. V. Meyerhold, *op. cit.*, p. 71.
13. *Idem*, pp. 66-67.

De fato, a noção de *leitmotiv* ou "tema condutor" foi, reiteradas vezes, e em diferentes fases da carreira de Meyerhold, evocada como uma das formas essenciais de estimular a capacidade associativa dos espectadores, articulada com os diversos aspectos do espetáculo, às diferentes técnicas da interpretação do ator, fazendo com que todo o jogo cênico e as técnicas da encenação estivessem orientadas em função da aptidão associativa do público.

Neste sentido, o tema condutor, uma vez que contém ao mesmo tempo o preciso e o indeterminado (um meio de ligar o que é visto ou falado ao que não é nem visto nem falado), age como uma metáfora, sugerindo um sentido, ainda que expresso indiretamente, de forma a fazer ressoar na memória musical como um eco que pertence tanto ao mundo poético, quanto à expressão musical: a musicalidade se refrata e produz uma espécie de imagem. Ao estruturar seus espetáculos a partir do entrecruzamento de temas condutores, espécies de metáforas sonoras e poéticas, Meyerhold perseguia, como na "obra de arte total" wagneriana, a fusão, no "teatro do futuro", não somente da poesia e da música, mas também da dança, da pantomima, da pintura e de todas as modalidades artísticas: o teatro é assim transformado em espaço plurissignificante, onde essa aliança não apenas pode se cumprir com harmonia, mas, sobretudo, pode fazer com que o espetáculo libere no receptor todas as energias inconscientes atreladas à criação de "momentos associativos".

E o modelo meyerholdiano propõe uma interessante conexão com o teatro oriental. Ele mesmo nos explica:

> Mas que esperto é este Wagner! E logo lembramos que os encenadores do Japão e da China antigos eram ainda mais espertos do que Wagner. Eles também haviam compreendido que se o espectador adormecesse, era necessário sacudi-lo um pouco para que ele não se mantivesse demais tranqüilo em sua poltrona. Ali a orquestra dispara sem parar, durante toda a duração do espetáculo. Ouvem-se muitos tambores, flautas, instrumentos chiantes e sibilantes. É daí que nasceu a orquestra de percussão e os maiores músicos como Stravisnki, Prokófiev... Uma pequena orquestra reduzida, mas onde intervêm instrumentos que em outras orquestras representam tão-somente um papel secundário[14].

No entanto, essa proposta não exclui a reflexão ou a "circunspecção", ou seja, embora a referência à música de Wagner possa remeter, como qualquer arte romântica, a idéia de "transportar" o receptor, através de fórmulas "mágicas", a uma "outra condição", fica patente, pelos escritos e também pela produção teatral do diretor russo, que a base de seu teatro prevê a capacidade de reconhecer associações que cobrem um grande espaço, através de um esforço concei-

---

14. *Idem*, p. 80.

tual e não apenas a capacidade de senti-las vagamente. Existe, sem dúvida, em seus espetáculos essa espécie de "mágica associativa", mas ela não paralisa o receptor "encantado", ao contrário, desafia-o a usar a reflexão intelectual para fazer as associações. O aspecto dionisíaco, sem dúvida, presente na poética cênica de Meyerhold não exclui e nem nega a contemplação apolínea, mas conduz a ela.

Um ano depois da montagem de *O Inspetor Geral*, em 1927 numa conferência apresentada em Leningrado sob o título *A Arte do Encenador*[15], Meyerhold reafirma suas concepções no que concerne à fusão do trabalho do ator e do encenador e a extrema conexão com a arte musical. Salienta fundamentalmente a importância da cronometragem do espetáculo para que se obtenha a precisão do sistema rítmico, determinante para a significação obtida no conjunto cênico. Para tanto, o ator deverá definir com bastante rigor o termo "ritmo" e o termo "metro", sem jamais confundi-los.

Se o ator não percebe a diferença entre metro e ritmo, ele também não sabe a diferença que há entre *legato* e *staccato*. O que significa um pequeno ou grande gesto no palco, quais são as leis da coordenação do corpo e dos objetos que se tem nas mãos? O corpo e os objetos cênicos, o corpo e o figurino etc.[16]

E Meyerhold conclui:

Se me perguntassem em que reside a dificuldade da arte do encenador, eu responderia: "ele precisa abraçar o mundo com as mãos. O que é mesmo difícil na arte do encenador é que ele deve ser, antes de mais nada, músico; cabe a ele um dos domínios mais difíceis da arte musical, a construção de movimentos cênicos segundo o método do contraponto. É isso que é extremamente difícil.

Ao final de sua exposição propõe de forma radical:

Se o encenador não for músico, não poderá jamais construir um espetáculo autêntico, pois este (não falo aqui da ópera, nem do drama musical, nem da comédia musical, falo do teatro dramático, onde todo o espetáculo se desenrola sem qualquer acompanhamento musical) só pode ser construído por um encenador-músico[17].

A partir dessas premissas enunciadas, como se vê, em períodos diferentes de sua carreira, pode-se flagrar a consistência estética do teatro de Meyerhold no processo de estruturação de um "realismo à base da convenção".

Mas interessa, aqui, particularmente, destacar que a montagem de *O Inspetor* em 1926 e outras produções do mesmo período, se

15. *Idem*, volume II, p. 149.
16. *Idem*, p. 153.
17. *Idem*, p. 156-157.

inseriam num amplo debate teórico que então recrudescia sobre a questão do "realismo" e com ele articulada, a discussão da função social e política da literatura e da arte.

Os numerosos debates suscitados pelo *Inspetor* e por outros tantos espetáculos do final da década de 20, inclusive e, principalmente, aqueles criados com Maiakóvski[18], levaram Meyerhold por diversas vezes, a se posicionar publicamente sobre questões que então cercavam o debate e a discussão sobre o "método" para a arte socialista e que será "resolvido", como se sabe, anos depois com a doutrina oficial do realismo socialista e sua campanha aberta contra tudo aquilo que enfeixou sob a denominação de "Formalismo".

Portanto "realismo musical", "novo realismo", ou "realismo autêntico", termos mais polêmicos do que conceituações estéticas plenamente definidas, vinham marcar a posição cada vez mais peculiar e menos confortável que ocupará o teatro de Meyerhold, diante de orientações teóricas que iam, já nos inícios da década de 20, desde a discussão do problema da herança literária e cultural (e aqui se articulam as teses proletkultistas de uma cultura proletária de raiz, que não têm continuidade) até a crítica aos movimentos artísticos da vanguarda.

Como se sabe, Meyerhold participará de forma variada e muito pessoal nas várias organizações e associações livres que buscavam aglutinar as mais diferentes tendências artísticas (o Futurismo, o Expressionismo, o Cubismo, o Construtivismo etc.) através de uma produção artística e cultural também bastante diversificada: espetáculos teatrais, filmes, poemas, exposições, trens pintados, objetivo da ampla "proletarização" da arte e da cultura[19].

No entanto pode-se verificar que decorriam acesas polêmicas também no bojo dessas inúmeras organizações russas: as posições teóricas de uma RAPP (Associação Russa de Escritores Proletários) com seu "método criador-materialista", defensor do método da ti-

---

18. O Teatro de Meyerhold encenou *O Percevejo* de Maiakóvski em 1929 e *Os Banhos* em 1930, espetáculos cercados de grande polêmica e violentos debates nos quais o próprio Maiakóvski viria interceder, tomando a defesa de Meyerhold. Mas um dos discursos mais peremptórios a favor do encenador foi justamente aquele que Maiakóvski pronunciou num debate público a 3 de janeiro de 1927, a propósito da montagem de *O Inspetor Geral*. Cf. a tradução de Boris Schnaiderman, "Intervenção no Debate sobre a Encenação de *O Inspetor Geral* no Teatro Estatal V. Meyerhold", em *A Poética de Maiakóvski através de sua Prosa*, São Paulo, Perspectiva, 1971.

19. Esse amplo movimento recebeu a denominação genérica, como é sabido, de *agitprop* (agitação e propaganda) e, com relação específica ao campo teatral, caracterizou-se pela atuação de trabalhadores "leigos" proletários em manifestações teatrais com um caráter marcadamente experimental, "aberto" e híbrido, cuja função simultaneamente didática e agitatória iria ter, também fora da União Soviética, entre os grupos comunistas alemães, por exemplo, uma função política e cultural importante, em que se destaca a atividade teatral de Erwin Piscator.

pificação, cujos modelos eram Tolstói e as grandes formas épicas do século XIX, iriam se opor frontalmente aos adeptos das formas "menores" e dos métodos documentais e experimentais, bem como a uma concepção "operativa" da arte, organizados nos vários grupos: LITFRONT (oposição no interior da RAPP), o LEF (Frente de Esquerda), o REF (Frente Revolucinária) com suas revistas *LEF* e *Nóvi Lef*, onde participariam não só Meyerhold, mas entre outros, Maiakóvski, Tretiakov, Óssip Brik.

É, por certo, a propósito de toda essa discussão e polêmica sobre o conceito de "realismo" que Meyerhold pronuncia: "Nenhuma tendência exige de nós tanto cuidado como a do realismo. Devemos apresentar em cena só aquilo que pode surgir como verdade autêntica [...]"[20].

É claro, como se viu pelas concepções estéticas do encenador, que trata-se de um "realismo" sem contrafação com a vida, sem clichês, um "realismo" que se define segundo as leis próprias e específicas ao teatro e que surpreende, além de tudo, por encontrar um equilíbrio poderoso entre uma arte esteticamente refinada e simultaneamente uma arte popular:

> Quais são então os procedimentos de interpretação particularmente exemplares para nós, quando falamos desta verdade autêntica? Citarei apenas dois nomes e vocês compreenderão o que estou falando. Quando vocês vêem na tela um dos últimos trabalhos de Charlie Chaplin ou de Douglas Fairbanks, o que surpreende é que eles escolhem a partir de milhares de fatos possíveis, justamente o que mais salta aos olhos, na natureza, no ambiente, na vida cotidiana. De todos os fenômenos elegem somente o que pode soar como verdade – não apenas para uma pessoa, mas também para o coletivo, para a massa[21].

Houve quem acusasse Meyerhold de "não mais escutar a música da Revolução e de ter trocado o claro didatismo anterior por uma fantástica e romântica forma teatral".

E, com efeito, se tomarmos como referência, por exemplo, a cena final de *O Inspetor Geral* com seus manequins sinistros, dispostos nos lugares minutos antes ocupados por atores "congelados" em posturas e expressões de horror e espanto diante da notícia da chegada do verdadeiro inspetor, o que se vê é a representação de um mundo aparentado a uma exibição de seres transformados em bonecos, simples brinquedos do jogo irônico que constitui ali a existência humana.

O próprio Meyerhold, como vimos em seus textos, tinha bastante clareza quanto à sua leitura cênica:

---

20. Cf. acima sobre *O Inspetor Geral*, p. 76.
21. Cf. acima, p. 65.

[...] Dizem que Meyerhold cometeu um sacrilégio porque eliminou aquele riso do qual, de repente, todos têm saudades, e que com este riso ter-se-ia suprimido o próprio Gógol! Mas de que riso se trata? Se for o riso vazio do *vaudeville*, da farsa, este riso Gógol jamais o desejou. Isto se pode observar em várias de suas cartas[22].

E num outro momento justifica:

Mas a questão é que vimos em Gógol aquele fantástico que caracteriza um outro notável criador de obras de gênero semelhante: Hoffmann, que encontrou um jeito de apresentar uma vendedora de maçãs com um pequeno rabo debaixo da saia. Isto não significa que tenhamos que apresentar um diabo de saia. Isto significa apenas que Gógol conseguiu mostrar um tipo do mundo peculiar a si próprio como real, mas mesclado com certo fantástico – não com misticismo, mas com o fantástico. Trata-se apenas daquele esforço que faz o cérebro humano para alargar os limites do cotidiano. [...] Porque ver o fantástico no mundo real não significava, como afirmam alguns críticos, tornar-se místico, mas significa ampliar os limites da vida pequeno-burguesa e mergulhar nessa alegria de viver que somente se produz no mundo real[23].

Assim tentava responder à grande parte da crítica que manifestara perplexidade e desorientação frente ao seu espetáculo e reconhecera, portanto, essa especificidade, mesmo sem compreender que se tratava da obra mestra do diretor, acusando-o de ambigüidade e contradição, pelo simples fato de que o espetáculo reivindicava, por assim dizer, um significado "universal", além daquele circunscrito às contingências históricas de sua gênesis, tal como ocorrera em espetáculos agitatórios e de propoganda, sob o lema do "Outubro Teatral".

Mas, camaradas, é preciso enfim algum dia começar uma coisa verdadeira. Se voltarmos os olhos para atrás, para os anos vinte, vinte e um, vinte e dois, vinte e três, veremos então que já nessa época, em outros setores também, era necessário propor algumas palavras de ordem, por assim dizer, de caráter mais incisivo. Estávamos preocupados, então, mais sobre a questão da propaganda. Era preciso persuadir as pessoas quanto a uma série de questões, levá-las justamente para esse esquema.
[...]
Ao passarmos para um trabalho mais profundo em todos os setores, temos que convir não ser possível continuar nos ocupando em agitar bandeiras vermelhas e dizer que no mundo existe apenas um único esquema[24].

Com isso, Meyerhold reafirma a "verdadeira" atualidade do seu *Inspetor* na medida em que, acreditava, resistiria ao tempo, tanto por seu significado cultural (hoje, talvez, mais evidente do que nunca) como por sua linguagem artística.

A "ambigüidade" a que se referiram os críticos advém, é certo, da extrema densidade estrutural e artística da encenação, enquanto

22. Cf. acima, p. 82.
23. Cf. acima, p. 78.
24. Cf. acima, p. 64.

procedimento constitutivo da poética cênica meyerholdiana. Esta, como já se observou, em estreito paralelo com o conceito de *grotesco* tal como teorizado pelo próprio Meyerhold[25]: a mescla "estranha" do cômico e do trágico cuja função é também a de fazer com que o espectador tome consciência do sentido que a visão habitual das coisas nos oculta.

Ora, isto equivale a dizer, que o que se propõe é uma outra ótica, ou se preferirmos, uma outra linguagem cujo "distanciamento" ou "estranhamento", resulta de uma técnica de deformação que poder-se-ia chamar "nova-objetividade" num sentido amplo do termo[26].

Um primeiro componente que se observa é a oposição à concepção tradicional da arte como *mimesis*, tal como formulada especialmente pelo naturalismo, pressuposto genérico e comum a todas as correntes de vanguarda. Nessa perspectiva, o teatro de Meyerhold se propõe a liberação da tarefa de reproduzir "fotograficamente" a vida, convertendo-se numa forma de expressão baseada essencialmente na invenção formal e orientada no sentido de representar o aspecto inabitual e inesperado do mundo.

Se a linguagem realista-naturalista, além do princípio da *mímesis*, postula a identidade entre a coisa representada e o significado, isto equivale a dizer que o significado artístico coincide com os acontecimentos apresentados no palco.

A poética cênica meyerholdiana, contrária ao postulado naturalista, baseia-se no critério da não coincidência entre o significado e a coisa representada, o que implica basicamente uma poética antiaristotélica, contrária à identificação do espectador com a cena e

---

25. O conceito do grotesco de Meyerhold foi tratado pelo encenador em particular, na terceira parte do seu livro *O Teatro* (*Sobre Teatro*), *op. cit.*, p. 207, volume I da edição soviética, conforme análise aqui efetuada no capítulo específico sobre a questão do grotesco cênico.

26. A aproximação com o conceito brechtiano do "distanciamento" (o Efeito-*Verfremdung*) não é casual. Também aqui a técnica da deformação joga em cena, ao invés dos "heróis positivos", seres "desarticulados" ou "deformados", testemunhas da condição alienada do homem, de sua desumanização que, para Brecht, resulta fundamentalmente de condições históricas determinadas. Há também na tática brechtiana frente ao espectador (tornando-lhe estranho o que é habitual) a mesma oposição à concepção naturalista onde o espectador se "esquece" que está no teatro, através da identificação com a cena e a conseqüente *catarsis*. Pode-se filtrar no núcleo dessas coincidências teóricas e estilísticas as preocupações estéticas do grupo da OPOIAZ (Sociedade para o Estudo da Linguagem Poética), nascida em 1916 em São Petersburgo: lembre-se de que Victor Chklóvski, um dos mais significativos representantes do grupo, já havia descrito seu conceito do "efeito de estranheza" (*ostraniênie*) como o fundamento da percepção artística na necessidade de desautomatização da linguagem pela introdução de algo estranho e inusitado.

dirigida, isto sim, a um distanciamento reflexivo que permita fomentar o enriquecimento da própria sensibilidade e da consciência crítica e estética.

Nesta poética, texto dramático e procedimentos cênicos formam assim uma unidade inseparável em função de uma determinada estratégia. O espetáculo "ambíguo", portanto, não é gratuito e nem simplesmente "cerebral", mas articulado segundo uma clara intenção estética proposta, como parece ter ficado demonstrado, pela orientação artística do diretor: antes de mais nada, nenhuma ilusão de realidade, como no naturalismo, mas, pelo contrário, a criação de uma "irrealidade", cujo "estranho" excentrismo serve de expressivo veículo a uma análise sarcástica, ainda que trágica, capaz de proporcionar uma representação crítica, não só no passado, mas da vida presente enquanto tal.

Assim, o texto de Gógol, de estrutura dramática tradicional é revirado pelo encenador na busca de um outro conceito de linguagem cênica: a reordenação das seqüências e de certas cenas, segundo a técnica da montagem, o jogo simultâneo de certos episódios ou cenas em diferentes áreas do palco e o ritmo cinematográfico do movimento cênico[27] resultarão numa espécie de efeito de contraponto (daí o "realismo musical") que fará contrastar condutas, motivos, ações e reações, aliado a toda plástica músico-cênica, nascida dos mesmos ritmos e contrastes.

Trata-se, afinal, de "realismo?" Que tipo de "realismo?" É possível se falar em "realismo" com respeito ao teatro de Meyerhold? A advertência vem do próprio encenador: "[...] Nenhuma tendência exige de nós tanto cuidado como o campo do realismo".

Em meio ao amplo e complexo debate que então se abria, hoje ainda tão atual, sobre o "realismo" na arte, chegou-se a falar em "realismo fantástico", "realismo grotesco", "anti-realismo" e tanto mais, para se definir *O Inspetor Geral* de Meyerhold.

Certamente, apenas para o próprio encenador havia consistência estética em sua concepção do realismo no teatro a qual pesquisara desde sempre e passava a enunciar claramente a partir da encenação dessa peça à que vinha fazendo referências desde 1908.

E, com certeza, a tarefa não seria das mais fáceis para justificar, diante de um contexto teórico que o acusava de "formalista", a

---

27. Meyerhold desde a montagem de *A Floresta*, de Ostróvski, em 1924, peça fragmentada em trinta e três episódios separados, evitava a habitual subdivisão em atos longos e projetava realizar a chamada *Kinofikátzia Tietra*, ou seja, adaptar o teatro à sintaxe do cinema. Também *O Lago Liul*, de Faikó, encenado em 1923, toma o cinema por modelo e estrutura-se como um *agit-sketch*. O espetáculo *D. E.* (*Daióch Ievrópu: Dê-nos a Europa*), 1924, de M. Podgaiétzki, apresentava também uma rapidez cinematográfica em seus dezessete episódios.

O REALISMO MUSICAL: UM "NOVO REALISMO"?

concepção de um realismo cuja lucidez e análise aguda instauravam "deformações" cênicas e davam conta do aspecto fantástico de uma realidade dúbia: visão sintética composta de cômico e trágico, consciente e inconsciente, realidade e sonho, bestialidade e sublime. Era esse "realismo" que tentava se insurgir contra o banal cotidiano: "trata-se apenas daquele esforço que faz o cérebro humano para alargar os limites do cotidiano"[28]. É aqui que se insere o *grotesco*, expressão agressiva e corrosiva onde o conteúdo adere à sua forma num eterno revolver de temas e valores, para, talvez, abolir a distância contemplativa da arte e converter a existência mesma em arte, uma espécie de sonho com olhos abertos.

---

28. Cf. acima, p. 66.

Bibliografia

1. OBRAS DE MEYERHOLD

A maioria dos artigos, discursos, cartas e conferências de Meyerhold, muitos deles publicados de forma esparsa em revistas e periódicos da época, foram reunidos na seguinte edição soviética em dois volumes, com prólogo de B. Rostotski e seleção e notas de A. V. Fevralski:

MEYERHOLD, V. *Statí, písma, retchi, bessedi* (*Artigos, Cartas, Discursos, Conversas*). Moscou, Editora Iskustvo, 1968, 2 volumes (1891-1917 e 1917-1930).

No Ocidente existem algumas edições dos textos de Meyerhold, embora nem sempre completas e fiéis ao original:

MEYERHOLD, V. *Écrits sur le Théâtre*. Trad. pref. e notas de Beátrice Picon-Vallin. Lausanne, Ed. La Cité – L'âge D'Homme, 1973 (tome I), 1975 (t. II), 1980 (t. III).

_____. *Textos Teóricos*. Seleção, estudo preliminar, notas e bibliografia de Juan Antonio Hormigon, Alberto Corazón Editor, Coleção Comunicación. Madrid, s/d, dois volumes.

_____. *Le Théâtre Theatral*. Trad. e apres. de Nina Gourfinkel. Paris, Gallimard, 1973.

_____. *La Rivoluzione Teatrale*. Edição e notas do Giovanni Grino. Roma, Editori Riuniti, 1962.

_____. *Teoria Teatral*. Madrid, Editorial Fundamentos, 1979.

BRAUN, E. *Meyerhold on Theatre*. London, Methuen & Co. Ltda., 1969.

CONRADO, A. *O Teatro de Meyerhold*. Trad., apres., organização de diversos trabalhos de e sobre Meyerhold. Rio de Janeiro, Civilização Brasileira, 1969.

2. OBRAS SOBRE MEYERHOLD

ALPERS, B. V. "O Meyerhold" ("Sobre Meyerhold"). *Iskânia nóvoi stsêni (Pesquisas da Nova Cena)*, Moscou, Editora Iskustvo, 1985, pp. 280-310.

BEBUTOV, V. "Vsévolod Meyerhold". *Véstnik Teatra (Boletim de Teatro)* de 21-26 setembro de 1920, publicado, em italiano, em *La Rivoluzione Teatrale*, Roma, Riuniti, 1962.

CARTER, H. "Meyerhold 1917-23" e "Meyerhold 1924-28". *The New Spirit in the Russian Theater*, London, Bretano's Ltd., 1919, pp. 46-78, 209-222.

EINES, J. "Stanislávski-Meyerhold". *Alegato en favor del Actor*. Madrid, Editorial Fundamentos, 1985, pp. 81-131.

ELÁGUIN, I. *Tiómnii Guênii – Vsévolod Meyerhold (Um Gênio Sombrio – Vsévolod Meyerhold)*. New York, Editora Tchékov, 1955.

FEVRALSKI, A. "Ricordo di Meyerhold". *La Rivoluzione Teatrale*, Roma, Riuniti, 1962, pp. 316-328.

FEVRALSKI, A. e outros. *Vstrêtchi s Meyerholdom – sbórnik vospominánni (Encontros com Meyerhold – Coletânea de Recordações)*. Moscou, VTO, 1967.

_____. *Tvórtcheskoe naslédie V. E. Meyerholda – sbórnik (A Herança Artística de V. E. Meyerhold – Coletânea)*. Moscou, VTO, 1978.

GLADKÓV, A. K. *Gódi utchênia Vsévoloda Meyerholda (Anos de Estudo de Vsévolod Meyerhold)*. Saratov, Privólljskoie, 1979.

GOURFINKEL, N. "Les recherches esthétiques et la Révolution". *Théâtre Russe Contemporain*, Paris, La Renaissance du livre, 1931, cap. II.

GVOZDIÓV, A. "Teatr imeni Vs. Meyerhold (1920-1926)" ("O Teatro Vs. Meyerhold"). Leningrado, 1927, publicado em italiano, em *La Rivoluzione Teatrale*, Roma, Riuniti, 1962, pp. 286-316.

LUNATCHÁRSKI, A. V. "Meyerhold et le théâtre Russe d'avant-garde". Coletânea de artigos sobre Meyerhold, em *Théâtre et Revolution*, prefácio de E. Copferman. Paris, François Maspero, 1971.

MAIAKÓVSKI, V. "Intervenção no Debate sobre a Encenação de *O Inspetor Geral* no Teatro Estatal de V. Meyerhold". In SCHNAIDERMAN B., *A Poética de Maiakóvski*, São Paulo, Perspectiva, 1971.

PICON-VALLIN, B. "Meyerhold trente ans aprés". *Travail Théâtral*, n. 2, Lausanne, La Cité, 1971.

_____. "Le Revizor" de Gógol-Meyerhold em *Les Voies de la Création Théâtrale – Mises en scène années 20 et 30*. Paris, Éditions du Centre National de la Recherche Scientifique, vol. VIII, 1979.

_____. *Meyerhold. Les Voies la Création Théâtrale*, vol. 17, Paris, C.N.R.S., 1990.

RIPELLINO, A. M. *Il Trucco e L'Anima – I maestri della regia nel teatro russo del Novecento*. Torino, Giuglio Einaudi editore, 1965.

ROSTOTSKI, B. I. *O regissiórskom tvórtchestve V. Meyerholda* (*Sobre a Criação de Diretor de V. Meyerhold*). Moscou, VTO, 1960.

RUDNITZKI, K. *Meyerhold*. Moscou, Iskustvo, 1981.

_____. *Meyerhold, The Director*. Trad. George Petrov. Ardis, Ann Arbor, 1981.

SAYLER, O. "Meyerhold and the Theatre Theatrical". *The Russian Theatre Under the Revolution,* Boston, Little, Brown and Company, 1920, pp. 202-222.

SYMONS, J. M. *Meyerhold's Theatre of the Grotesque – The Post-Revolutionary Production, 1920-1932*. University of Miami Press, 1971.

TEATR (Teatro). "50 Let Nazad Poguib Meyerhold" ("Há 50 Anos Desapareceu Meyerhold"). Número especial sobre a vida e obra de Meyerhold, Revista *Teatr*, n. 1, Moscou, janeiro de 1990.

TRD/THE DRAMA REVIEW. MIT Press, New York University School of Arts; Norris Houghton, "Russian Theatre in the 20th Century", pp. 5-13; Nick Worral, "Meyerhold's Production of The Magnificent Cuckold", pp. 14-34, vol. 17, n° 1, março 1973. Marjorie Hoover, "The Meyerhold Centennial", pp. 69-73. Mel Gordon, "Meyerhold's Biomechanics, pp. 77-89. Alma H. Law, "Meyerhold's Woe to Wit", pp. 90-108. "Meyerhold's Speaks – Observations on Acting and Directing", pp. 108-114, vol. 18, n° 3, setembro 1974.

TRAVAIL THÉÂTRAL. "Le Revizor de Gógol-Meyerhold". Cahiers trimestriels, n. 2, janvier-mars 1971, Lausanne, La Cité, 1971.

VARPAKHÓVSKI, L. *Nabliudênia, analiz, ópit* (*Observaçes, Análise, Experiência*). Moscou, VTO, 1978.

VÓLKOV, V. *Meyerhold*, tomo I: 1874-1908, tomo II: 1908-1917. Moscou-Leningrado, "Academia", 1929.

3. BIBLIOGRAFIA ESPECÍFICA SOBRE TEATRO RUSSO

ALPERS, B. V. *Iskânia nóvoi stsêni* (*Pesquisas da Nova Cena*). Moscou, Iskustvo, 1985.

CARTER, H. *The New Spirit in the Russian Theater.* London, Bretano's Ltd., 1929.

CHEVREL, C. A. *Le Théâtre Artistique de Moscou.* Paris, Éditions du C.N.R.S., 1979.

CORVIN, P. *Le Théâtre en Russe, étude historique et littéraire.* Paris, Albert Savine Editeur.

DANIEL, G. *Gógol et le théâtre.* Editions du Centre Culturel Thibaud de Champagne, 1982.

ÉVREINOFF, N. *Histoire du Théâtre Russe.* Paris, Éditions du Chêne, 1947.

FILÍPOV, B. "Vstupítelnaia statiá, podbór materiálov, istorítcheskaia správka o postanóvkakh *Revisora*" ("Artigos Introdutórios, Seleção de Materiais, Informações Históricas sobre as Encenações de *O Inspetor Geral*"). *Revisor* N. V. Gógolia (*O Inspetor Geral* de N. V. Gógol). Moscou, Estatal, 1963.

GÓGOL, N. V. *Polnóie sobránie sotchinénii* (*Obras Completas*). Moscou, Editora da Academia de Ciências da URSS, 1952.

_____. *Sotchinénia* (*Obras*). New York, International University Press.

_____. *Obras Completas.* Madrid, Aguilar, 1951.

_____. *O Inspetor Geral.* São Paulo, Abril S.A. Cultural, 1976.

GORBUNÓVA, E. "Gógol na stsêne soviétskovo dramatítcheskovo teatra" ("Gógol no Palco do Teatro Dramático Soviético"). *Gógol i Teatr* (*Gógol e o Teatro*). Moscou, Iskustvo, 1952.

_____. "N. V. Gógol o dramaturguí i teatre – statí, zamiêtki, písma" ("N. V. Gógol sobre Dramaturgia e Teatro – Artigos, Anotações e Cartas"). *Gógol i Teatr* (*Gógol e o Teatro*). Moscou, Editora Iskustvo, 1952.

GOURFINKEL, N. *Théâtre Russe Contemporain.* Paris, La Renaissance du livre, 1931.

GUINSBURG, J. *Stanislavski e o Teatro de Arte de Moscou.* São Paulo, Perspectiva, 1985.

KNEBEL, M. *Poézia Pedagóguiki* (*Poesia da Pedagogia*). Moscou, VTO, 1984.

LO GATTO, E. *Historia del Teatro Ruso.* Buenos Aires, Editorial La Universidad, 1945.

LUNATCHÁRSKI, A. V. *Théâtre et Revolution.* Paris, François Maspero, 1971.

MARSHALL, H. *The Pictorial History of Russian Theatre.* Introd. Harold Clurman. New York, Crown Publishers, 1977.

RIPELLINO, A. M. *Maiakóvski e o Teatro de Vanguarda.* São Paulo, Perspectiva, 1971.

RUDNITZKI, K. *Théâtre Russe et Sovietique*. Paris, Éditions du Regarde, 1988.

SAYLER, O. *The Russian Theatre Under the Revolution*. Boston, Little, Brown and Company, 1920.

SLONIM, M. *El Teatro Russo*. Buenos Aires, Editorial Universitaria de Buenos Aires, 1965.

SNEJNÍTSKI, L. D. *Na repietítsiakh u mastieróv regissúri* (*Nos Ensaios junto aos Mestres da Encenação*). Moscou, Iskustvo, 1972.

STANISLÁVSKI, K. S. *Mi vida en el arte*. Havana, Editorial Arte y Literatura, 1985.

STEPÁNOV, N. L. "Dramaturguía Gógolia" ("A Dramaturgia de Gógol"). *Gógol i Teatr* (*Gógol e o Teatro*). Moscou, Iskustvo, 1952.

TAIROV, A. *Le Théâtre Libéré*. Trad. pref. e notas de Claudine Amiard-Chevrel. Lausanne, La Cité-L'Âge d'Homme, 1974.

THÉÂTRE ANNÉES VINGT. Collection dirigée par Marie-Louise et Dénis Bablet, Série Études: "Théâtre moderne" – tomè I e II; "L'U.R.S.S." (Recherches, Écrits théoriques, Pieces). Le Théâtre d'ágit-prop de 1917 a 1932.

VICHNÉVSKAIA, I. *Gógol i ievó comédii* (*Gógol e suas Comédias*). Moscou, "Naúka", 1976.

ZAKHÁVA, B. *Vospominánia – Spektákli i róli – Statí* (*Recordações – Espetáculos e Papéis – Artigos*). Moscou, VTO, 1982.

TEATRO NA PERSPECTIVA

O Sentido e a Máscara
  Gerd A. Bornheim (D008)
A Tragédia Grega
  Albin Lesky (D032)
Maiakóvski e o Teatro de Vanguarda
  Angelo M. Ripellino (D042)
O Teatro e sua Realidade
  Bernard Dort (D127)
Semiologia do Teatro
  J. Guinsburg, J. T. Coelho Netto e Reni C. Cardoso (orgs.) (D138)
Teatro Moderno
  Anatol Rosenfeld (D153)
O Teatro Ontem e Hoje
  Célia Berrettini (D166)
Oficina: Do Teatro ao Te-Ato
  Armando Sérgio da Silva (D175)
O Mito e o Herói no Moderno Teatro Brasileiro
  Anatol Rosenfeld (D179)
Natureza e Sentido da Improvisação Teatral
  Sandra Chacra (D183)
Jogos Teatrais
  Ingrid D. Koudela (D189)
Stanislavski e o Teatro de Arte de Moscou
  J. Guinsburg (D192)
O Teatro Épico
  Anatol Rosenfeld (D193)
Exercício Findo
  Décio de Almeida Prado (D199)
O Teatro Brasileiro Moderno
  Décio de Almeida Prado (D211)
Qorpo-Santo: Surrealismo ou Absurdo?
  Eudinyr Fraga (D212)
Performance como Linguagem
  Renato Cohen (D219)

Grupo Macunaíma: Carnavalização e Mito
  David George (D230)
Bunraku: Um Teatro de Bonecos
  Sakae M. Giroux e Tae Suzuki (D241)
No Reino da Desigualdade
  Maria Lúcia de Souza B. Pupo (D244)
A Arte do Ator
  Richard Boleslavski (D246)
Um Vôo Brechtiano
  Ingrid D. Koudela (D248)
Prismas do Teatro
  Anatol Rosenfeld (D256)
Teatro de Anchieta a Alencar
  Décio de Almeida Prado (D261)
A Cena em Sombras
  Leda Maria Martins (D267)
Texto e Jogo
  Ingrid D. Koudela (D271)
O Drama Romântico Brasileiro
  Décio de Almeida Prado (D273)
João Caetano
  Décio de Almeida Prado (E011)
Mestres do Teatro I
  John Gassner (E036)
Mestres do Teatro II
  John Gassner (E048)
Artaud e o Teatro
  Alain Virmaux (E058)
Improvisação para o Teatro
  Viola Spolin (E062)
Jogo, Teatro & Pensamento
  Richard Courtney (E076)
Teatro: Leste & Oeste
  Leonard C. Pronko (E080)

Um Atriz: Cacilda Becker
  Nanci Fernandes e Maria T. Vargas (orgs.) (E086)

TBC: Crônica de um Sonho
  Alberto Guzik (E090)

Os Processos Criativos de Robert Wilson
  Luiz Roberto Galizia (E091)

Nelson Rodrigues: Dramaturgia e Encenações
  Sábato Magaldi (E098)

José de Alencar e o Teatro
  João Roberto Faria (E100)

Sobre o Trabalho do Ator
  Mauro Meiches e Silvia Fernandes (E103)

Arthur de Azevedo: A Palavra e o Riso
  Antonio Martins (E107)

O Texto no Teatro
  Sábato Magaldi (E111)

Teatro da Militância
  Silvana Garcia (E113)

Brecht: Um Jogo de Aprendizagem
  Ingrid D. Koudela (E117)

O Ator no Século XX
  Odette Aslan (E119)

Zeami: Cena e Pensamento Nô
  Sakae M. Giroux (E122)

Um Teatro da Mulher
  Elza Cunha de Vincenzo (E127)

Concerto Barroco às Óperas do Judeu
  Francisco Maciel Silveira (D131)

Os Teatros Bunraku e Kabuki: Uma Visada Barroca
  Darci Kusano (E133)

O Teatro Realista no Brasil: 1855-1865
  João Roberto Faria (E136)

Antunes Filho e a Dimensão Utópica
  Sebastião Milaré (E140)

O Truque e a Alma
  Angelo Maria Ripellino (E145)

A Procura da Lucidez em Artaud
  Vera Lúcia Felício (E148)

Memória e Invenção: Gerald Thomas em Cena
  Sílvia Fernandes (E149)

O Inspetor Geral de Gógol/Meyerhold
  Arlete Cavaliere (E151)

Modernidade e Pós-Modernidade. O Teatro de Heiner Müller
  Ruth Cerqueira de Oliveira Röhl (E152)

Do Grotesco e do Sublime
  Victor Hugo (EL05)

O Cenário no Avesso
  Sábato Magaldi (EL10)

A Linguagem de Beckett
  Célia Berrettini (EL23)

Idéia do Teatro
  José Ortega y Gasset (EL25)

O Romance Experimental e o Naturalismo no Teatro
  Emile Zola (EL35)

Duas Farsas: O Embrião do Teatro de Molière
  Célia Berrettini (EL36)

Marta, A Árvore e o Relógio
  Jorge Andrade (T001)

O Dibuk
  Sch. An-Ski (T005)

Leone de'Sommi: Um Judeu no Teatro da Renascença Italiana
  J. Guinsburg (org.) (T008)

Urgência e Ruptura
  Consuelo de Castro (T010)

Um Encenador de Si Mesmo: Gerald Thomas
  Silvia Fernandes e J. Guinsburg (orgs.) (S021)

Teatro e Sociedade: Shakespeare
  Guy Boquet (K015)

Equus
  Peter Shaffer (P006)

Linguagem e Vida
  Antonin Artaud (PERS)

Eleonora Duse: Vida e Obra
  Giovanni Pontiero (PERS)

Aventuras de uma Língua Errante
  J. Guinsburg (PERS)

Memórias da Minha Juventude e do Teatro Ídiche no Brasil
  Simão Buchalski (LSC)

A História Mundial do Teatro
  Margot Berthold (LSC)